早安 이야기로 배우는 아름다운

韩国语

初级

집필진

이광호
국립공주대학교 사범대학 국어교육과 교수

도희금
명석중학교 교사

중국어 감수 및 도움

권혁률(길림대학교수)
최미령(북화대학교수)
이경백(하이난대학교수)
강정음(하이난대학교수)
황량(지주대학교수)
홍윤기(국립공주대학교 한민족문화교육원)
박현수(국립공주대학교 한민족문화교육원)
이정미(반포중학교 교사)
김미강(국립공주대학교 대학원)
이성용(강원명진학교 교사)

初级 早安 이야기로 배우는 아름다운 韩国语

초판 1쇄 인쇄 2017년 10월 16일
초판 1쇄 발행 2017년 10월 20일

지 은 이 이광호 · 도희금
삽   화 안소라
중 국 어 이하교 · 우청
펴 낸 이 박찬익
편 집 장 권이준
책임편집 강지영

펴 낸 곳 (주)박이정
주   소 서울시 동대문구 천호대로 16가길 4
전   화 (02)922-1192~3
팩   스 (02)928-4683
홈페이지 www.pjbook.com
이 메 일 pijbook@naver.com
등   록 2014년 8월 22일 제305-2014-000028호

I S B N 979-11-5848-320-3 (13710)

* 책값은 뒤표지에 있습니다.

早安韩国语

初级

이야기로 배우는 아름다운

이광호 · 도희금 저

(주)박이정

　이 책을 기획한 것은 2015년 여름이다. 제자 이경백 선생이 하이난대학교로 발령을 받아 고향인 사평을 방문하면서 그동안 오랜 교유가 있었던 길림대학교 권혁률 교수를 만나 시작되었다. 요사이 한국어 교재가 마땅치 않다는 말을 듣고 고민을 하기 시작했다. 그리고 이러한 고민은 2015년 겨울에 하이난 대학교를 방문하여 외국어학부장인 왕 주임을 만나서 구체화 되었다. 교재로 사용할 수 있는 책을 만들어 달라고 간곡히 부탁을 하였기 때문이다. 그래서 그 학교에서 교재로 사용하는 것들을 살펴보니 사용하는 어휘가 이미 오래된 것들로 가득하였다. 그리고 내가 근무하는 공주대학교와 교류를 맺고 있는 북화대학과 제자 황량 선생이 근무하는 지주대학과도 연락을 취하여 교재를 구해 보았더니 사정은 마찬가지였다.

　이런 시기에 마침 박이정출판사의 박찬익 사장님을 만나서 사정 이야기를 하였더니, 교재 개발비를 지원할 것이니 책을 만들자고 제안을 하셨다. 이 책은 이러한 계기로 이루어졌다. 이후 공주대학교의 한민족교육문화원의 양병찬 원장이 교재에 대한 간접적 지원을 약속하였고, 일은 순조롭게 이루어지는 것 같았다.

　하지만 책을 만드는 과정은 순탄치 않았다. 처음 욕심으로는 청각장애를 가진 사람들이 언어를 습득하는 과정을 반영하는 것이 바람직할 것으로 생각하였다. 그래서 특수교육을 전공한 도희금, 이성용, 김미강 선생을 합류시켰다. 한국어교육과 관련해서는 홍윤기, 이정미 선생이 담당하도록 하였다. 하지만 책의 구성은 욕심대로 되지 않았고 지금까지 출판된 책들의 또 다른 아류를 만드는 것 같아 마음 한 구석이 아렸다. 다들 현직에 몸담고 있어서 시간도 그렇게 넉넉지 않았다. 그러던 중에 애초에 출판사와 약속한 기일도 넘기게 되고 마음만 바빴다.

　우여곡절 끝에 그래도 다행스러웠던 것은 도희금, 안소라 선생의 열정이었다. 도희금 선생은 밤잠을 설치며 초고를 다시 뜯어고치고 내용을 보충하는 노력 끝에 그런대로 책의 모양을 갖추었다. 여기에다 안소라 선생의 삽화는 빛이 났다. 저작권 문제를 고려하지 않아도 되는 좋은 작품들을 책에 쏟아 부었다.

　이런 저런 사연들 속에 그래도 기존의 책들과 차별성이 있는 책을 드디어 출판사로 넘겼다. 지금까지 많은 저서를 만들었지만 이렇게 마음을 졸이게 하는 책은 처음이다. 평생 어휘론, 의미론, 국어사 연구에 매달려온 필자에게는 완전히 생소한 영역이기 때문이다. 물론 필자는 한국어 교육과 관련한 논문 지도와 북화대 학생들에 대한 한국어 지도를 지금까지 담당하고 있다.

　우리가 외국어를 공부하면서 얼마나 많은 시간들을 낭비했는지를 생각하면, 더욱 큰 책임감을 느낀다. 그렇지만 이 책은 전공도서로서 가지는 학문적 요소보다는 언어를 습득시켜야 하는 실용도서로서의 성격이 강하다. 당연히 한국어를 배우고자 하는 많은 학생들의 평가를 받아야 한다. 그리고 실질적 도움을 줄 수 있어야 한다.

　이 책은 문법 항목을 제일 마지막에 배치했다. 실제로는 문법요소를 배제할 것도 고민하였지만 아직 현실은 그렇지 않았다. 외국인 학생들을 대상으로 하는 토픽(TOPIK) 시험도 감안해야 했기 때문이다. 그렇지만 이 책으로 공부한 사람이면 한국인에게 한마디라도 자신 있게 말을 걸 수 있도록 하는 데 주안점을 두었다. 이야기를 통해서 재미있는 학습이 이루어지도록 만들었고, 어휘의 수준을 한국인이 사용하는 빈도를 참작하여 구성하였다. 모쪼록 이 책이 한국어 학습자들에게 좋은 동반자가 되기를 기대한다.

　이 책은 정말 많은 사람들에게 도움을 받았다. 박찬익 사장님의 고마운 투자, 권이준 편집장님과 강지영 팀장님의 알뜰한 검토 및 편집, 표지디자인에 애를 쓰신 황인옥 팀장님께는 어떤 감사의 말씀을 드려도 부족할 것 같다. 처음 함께 작업을 시작했던 홍윤기, 박현수, 이성용, 김미강, 이정미 선생에게도 고마움을 표한다. 그리고 한국어를 중국어로 번역한 이하교, 우청, 왕단위 선생에게는 미안함과 고마움이 함께 한다. 중국어 번역은 늘 마지막 작업이었기에 원고를 급하게 전달하였기 때문이다. 그런데도 불평 없이 일을 마무리 해줘서 너무 고맙다. 고생해서 만든 이 책이 세상에 빛을 볼 수 있도록 노력하는 것은 지금부터 시작인 것 같다.

저자대표　이 광 호

计划这本书是从2015年夏天开始的。我的学生李更百到海南大学任教，于是我去了他的家乡四平，借此机会又去见了吉林大学的权赫律教授，从而促成了这件事。我听到近年来的韩国语教材不尽如人意的消息感到很苦恼。这种思虑在2015年冬天访问海南大学见到外国语系主任王主任后变得具体化。因为他诚恳地拜托我编写一本韩国语教材。因此我翻阅了他们学校所使用的韩国语教材，发现书上充斥的都是很久以前使用的词汇。与此同时，我与公州大学的姊妹学校北华大学和我的学生黄亮工作的知州大学取得联系，查看了他们的教材，发现情况基本相同。

正在这时见了博而精出版社的社长朴赞盆，叙述了这种情况后，朴社长决定支援开发教材的经费并共同进行教材的制作。本书就是在这样的契机下开始的。在此之后幸得公州大学韩民族教育院杨丙灿院长承诺对教材制作进行间接支援，由此，教材制作事业得以顺利开展。

但制作教材的过程并非一帆风顺。最初认为将听觉障碍者学习语言的过程借鉴到教材中是件很可行的事情。所以特别邀请了专攻特殊教育的都禧昑，李城鎔，金美江等老师加入制作团队。并邀请从事韩语教育工作的洪允基，李廷美老师作为本书制作过程的负责人。但教材的结构并没能尽如人意，与至今已出版的书籍相比较起来，似乎落入俗套，因此我内心饱受煎熬。由于大家忙于本职工作，并没有充足的时间制作教材。就这样，当初与出版社约定的时间所剩无几，我心有余而力不足。

几经波折后，幸而有都禧昑，安소라 老师们努力工作的热情。都禧昑老师不分昼夜地修改和补充初稿内容，使得教材终于形成雏形。在此之上安소라老师的插画更是锦上添花，将所有好的情景画面倾注于书中，且毫无著作权担忧。

　　虽然有各种各样的原委，但最终还是开发出了有别于现有书籍的教材并移交给出版社。虽然至今为止我写过很多书，但如此使我内心焦虑的书，本教材还是第一次。因为这对平生投身于词汇论，意味论，国语史研究的作者来说是一个完全崭新的领域。当然作者至今进行过许多韩国语教育的论文指导，并且负责对北华大学的学生们进行韩国语指导。

　　若想想我们在学习外语时浪费了多少时间，便更有一种强烈的责任感油然而生。本书相比起专业图书所具有的学术性内容，作为学习语言的实用性图书特点更鲜明。当然这需要由学习韩国语的同学们来进行评价，并能对韩语学习者产生实质性的帮助。本书把语法部分排列在每课内容的靠后位置。其实有想过将语法从书中去掉，但实际上没能这样做，因为考虑到外国学生的韩国语能力考试。本书的着重点在于，通过此教材学习韩国语的学生们可以对韩国人自信地说韩语，哪怕一句话。通过情景故事来使韩语学习更有趣，韩语词汇水平由韩国人使用的词汇频度为标准进行衡量。谨希望本书能成为韩语学习者的好伴侣。

　　本书受到了许多人的帮助。有投资本书的朴贊益老板，细心校正与编辑的權彝俊主编和姜志泳组长，还有辛勤设计封面的黄仁玉组长。对这几位的感激之情溢于言表。同时，也要对最初一起工作过的李城鎔，金美江，李延世美老师表达感谢。还要对将韩语精心翻译成中文的李荷桥，尤婧，王丹纬等老师表达诚挚的歉意与谢意。因为中文翻译是最后一个阶段，经常需要紧急作业。要对即便如此也毫无怨言努力完成的她们表达感谢。为让这本用辛劳凝结成的教材与世人见面，所需要做的努力将从现在开始。

作者代表　李 光 镐

차 례 [目录]

머리말 _4

이 책의 특징 _10

韩语与汉语的差异 _14

쉽고 재미있는 한글 익히기 _16

단어 목록 _24

1 • 안녕하세요!(你好!) _33

2 • 내일 개강모임이 있어요.(明天有开学聚会) _39

3 • 여보세요?(喂?) _45

4 • 몇 시예요?(现在几点?) _51

5 • 키가 크다.(个子很高) _57

6 • 도서관에 가요?(去图书馆吗?) _63

7 • 떡볶이는 매워요.(炒年糕很辣) _69

8 • 어디가 아프니?(你哪里不舒服吗?) _75

9 • 교통카드 주세요.(请给我交通卡) _81

10 • 처방전 여기 있습니다.(处方在这里) _87

11 • 된장찌개 하나, 비빔밥 하나 주세요.(请给我一份大酱汤, 一份拌饭) _93

12 • 동아리 모임이 있어.(有社团聚会) _99

13 • 어떻게 하는 거지?(这是怎么弄的?) _105

14 • 6월 3일까지 반납해야 해.(6月3日截止需要还书) _111

15 • 무슨 영화를 볼까요?(我们一起去看电影啊?) _117

16 • 우리 쇼핑하러 갈까요?(我们去购物啊?) _124

17 • 한국 드라마 좋아해요?(你喜欢韩国电视剧吗?) _131

18 • 문자를 보내도 답이 없어요.(我发信息给他也没有回复) _138

19 • 커피보다 주스가 더 좋아요.(比起咖啡我更喜欢果汁) _145

20 • 무슨 운동을 좋아해요?(你喜欢什么运动?) _152

21 • 나한테 연락하지 마세요.(你别联系我了) _159

22 • 무척 피곤해 보여요.(你看起来很疲惫) _166

23 • 나 혼자 할 수 있어요.(我自己可以的) _173

24 • 유행하는 머리로 해 주세요.(请给我做个流行的发型) _180

25 • 재욱이가 아프다고요? (在旭生病了?) _187

26 • 통장을 개설하러 왔어요.(我来重新办存折) _194

27 • 인터넷 쇼핑몰에 입금했어요?(你网购的东西汇款了吗?) _201

28 • 방학 동안 보고 싶을 거예요.(假期我会想你的) _208

1. 처음부터 끝까지 이어지는 심쿵 로맨스 스토리

한국의 대학교에 입학한 중국유학생이 대학생활을 하면서 겪을 수 있는 다양한 상황들을 본문에 담았습니다. 각 과의 본문은 주인공 유진과 친구들의 우정과 사랑을 그려 독자로 하여금 본문의 내용을 익히는 것만으로도 웃음과 감동을 줄 수 있도록 구성하였습니다. 한 권의 소설을 읽듯 책의 내용은 처음부터 끝까지 이어져 있어서 다음 과의 내용이 궁금하도록 꾸며 외국어학습에 재미를 더하였습니다.

2. 집필진이 직접 그린 삽화

책을 기획하기 시작한 순간부터 삽화를 담당하는 집필진이 책의 구성에 대해 깊은 이해력을 갖고 삽화작업을 하였습니다. 여러 차례 회의를 통해 본문의 내용에 가장 적합한 삽화, 외국어학습에 가장 효과적인 완성도 높은 삽화를 구성하였습니다. 신비하면서도 섬세한 그림체로 표현되어 딱딱한 학습이 아닌 하나의 만화를 즐길 수 있도록 하였습니다.

3. 상황이미지로 많은 어휘를 한 번에 익히기

단순히 단어를 나열하는 것이 아니라 본문의 이야기를 상황이미지로 나타내어 상황과 관련된 많은 어휘를 사진을 찍듯 한 번에 익힐 수 있습니다. 언어공부의 기본인 단어를 효과적이고 즐겁게 익힐 수 있도록 구성하였고 TOPIK 시험에서 자주 나오는 단어와 실생활에서 사용할 수 있는 단어를 선정하였습니다.

4. 확장과 응용이 쉬운 구문 연습

본문의 기본문장에서 나온 문법요소들의 의미를 익히고 충분히 응용할 수 있는 내용을 선별하였습니다. 정확한 의미와 형태를 익혀 다양한 문장에 응용하고 연습문제를 통해 정확한 문법요소의 사용을 연습할 수 있습니다. 여기에서 나온 구문 연습들을 완벽하게 익히고 나면 그 위에 더 다양한 구문들을 쌓아가는 것이 점점 쉬워질 것입니다.

5. 회화의 감을 높일 수 있는 말하기 연습

본문에서 꼭 익혀야 하는 중요한 표현을 삽화와 함께 제시하여 실제 주인공이 되어 수업 시간에 친구와 말하기 연습을 할 수 있습니다. 상황의 자연스런 흐름을 예상하면서 생생한 한국어 표현을 익히고 회화의 감을 높일 수 있습니다. 실제 상황에서 자연스럽게 쓸 수 있는 표현만을 엄선하여 누구나 배우기 쉽고 또 배운 표현을 통해 다양한 응용이 가능하도록 구성되어 있습니다.

6. 생생한 재미를 느끼는 생활 속의 한국어

중급에서는 각 과의 주제와 연결하여 실생활에서 자주 볼 수 있는 영화표, 광고문, 승차권, 메뉴판, 지하철 노선도 등을 제시하였습니다. 예를 들어, 주인공 유진이 학교 식당에서 주문을 하는 3과에서는 실제 메뉴판을 보고 물음에 답할 수 있도록 구성하여 주제와 관련하여 실생활에서는 한국어가 어떻게 사용되고 어떠한 방법으로 정보를 얻을 수 있는지 알기 쉽도록 하였습니다. 또한 한국의 문화와 사고를 이해하는데 도움이 되는 속담, 관용어를 대화문 속에 포함시켜 대화문을 연습하는 과정에서 흥미를 가지고 자연스럽게 사용하도록 하였습니다.

7. 무安 시리즈로 완성하는 한국어

이 책은 학습의 단계에 따라 초급 1 · 2, 중급 1 · 2, TOPIK 시리즈로 구성되어 있습니다. 한국인의 사용 빈도를 고려하여 단계별로 어휘 목록과 구문을 선정하였습니다. 철저한 연구 분석과 함께 한국의 문화를 재미있는 이야기로 엮어 낸 무安시리즈로 한국어를 쉽고 빠르게 익힐 수 있습니다.

1. 有始有终的心动浪漫故事

本书展现了来韩国读大学的中国留学生在读书期间遇到的各种情景。每一课的内容都由宥真和朋友们的友情与爱构成，使得读者在学习内容的同时也能感受到欢乐与感动。如同小说一样，从头至尾内容连贯，使人产生欲知后事如何的心情，更加赋予了韩语学习的乐趣。

2. 专业团队亲自制作插图

在计划这本书开始的一刻，便有专业的团队在对书籍结构深入理解的基础上开始制作插图。通过多次会议，最终选出与本文内容契合度最高，对外语学习效果最佳，并且完成度最高的插画。详细生动的图画使得原本生硬枯燥的学习多了一层神秘的面纱和乐趣。

3. 利用情景画面来学习大量词汇

比起单纯词汇的罗列，本书将故事的内容以图画的形式来展现，使得与情景相关的词汇如图画般一目了然，易于学习。词汇的掌握对语言学习至关重要，如此构书可以有效又愉快地学习词汇，并且所选词汇均为韩国语能力考试与日常生活中常见词汇。

4. 能更简单进行扩展和应用的语法练习

本书文章中主要选取能够充分体现语法含义并且能充分运用到生活中的内容。准确理解语法的含义和形态，应用于多样的句子中，并且通过课后习题来练习语法的准确使用。完全掌握相应语法，使得以后更多样的韩语语法积累变得相对容易。

5. 能够提升会话感觉的口语练习

　　本文将必须掌握的重要词组表达由插画的形式来展现，使得学生可以身临其境扮演角色与朋友进行会话练习。能够在自然的情景对话中更加生动地熟悉掌握韩语表达，提升会话感觉。严选实际情景中所应用的韩语表达，便于学习者学以致用，　并可以在此基础上触类旁通，举一反三，有助于提高韩语学习者的会话技巧。

6. 能够感受到生动乐趣的生活韩国语

　　中级教材主要将每课的主题内容与实际生活相结合，展示了常见的电影票，广告，车票，菜单，地铁路线图等内容。例如，书中第三课，主人公宥真在学校食堂点餐，展示了实际看着菜单进行对答的主题内容，是为了更加清楚地展现在实际生活中怎样应用韩国语，怎样获取信息内容，更易于学习者理解。并且为了便于学习者理解韩国的文化和思维，在对话中插入相关的俗语，惯用语，使学习者在练习对话时能增添趣味，韩语的表达应用上更加自然。

7. 早安系列韩国语

　　本书根据学习韩语的不同阶段，由初级1·2，中级1·2，TOPIK 一系列构成。词汇和语法的选取上充分考虑到韩国人的使用频率，按阶段选取。通过深刻研究，将韩国文化与有趣的情景会话相结合，完成早安系列图书，将更易于韩语学习者对韩语的学习。

韩语音标分为母音和子音。子音：气流在口腔的通道上不受到阻碍而发出的就是子音，共有21个：ㄱ，ㄴ，ㄷ，ㄹ，ㅁ，ㅂ，ㅅ，ㅇ，ㅈ，ㅊ，ㅋ，ㅌ，ㅍ，ㅎ，ㄲ，ㅆ，ㄳ，ㄺ，ㄵ，ㆆ，ㄼ，ㄽ，ㄾ，ㅀ，ㄻ，ㅄ，ㄿ。母音是以天地人的原理来创造的。母音按发音过程中是否改变嘴唇形状和舌头位置而分为单母音和双母音。单母音有10个：ㅏ，ㅓ，ㅗ，ㅜ，ㅡ，ㅐ，ㅔ，ㅚ，ㅟ。双母音有11个：ㅑ，ㅕ，ㅛ，ㅠ，ㅒ，ㅖ，ㅘ，ㅙ，ㅞ，ㅝ，ㅢ。

韩字是由子音和母音互相拼写构成的。韩文里面的母音相当於中文中文拼音的韵母，它不能单独作为一个单词来使用，只有和子音相拼写才能构成一个字或者单词。同样韩文里面的子音相当于中文拼音的声母，它也不能单独作为一个字或者发音。只有和母音相拼写才能构成一个字或者单词。韩语是表音语言，能说就能写，生词也能正确拼读出来，相当于韩语拼音；汉语是表意语言，用的是象形和会意词。

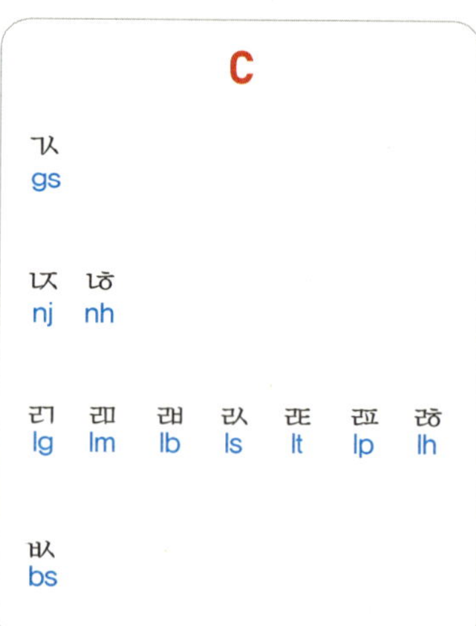

(1) 句子：

　　1，韩文是以谓语结尾的语言。它的主要句子结构是：主语＋宾语＋谓语。

　　2，修饰语放在被修饰语前面。

　　3，省略句子主语的现象较多。

(2) 词：

　　1，韩文是助词，词尾发达的粘着语。

　　2，敬语体系发达。

　　3，没有语法方面的阴，阳性区别。

(3) 音节：

　　韩文音节分首，中，尾三部分。

　　1，忌讳词头首音出现闪音或子音群。

　　2，对词末尾音节出现的子音有限制。

(4) 音韵：

　　1，有母音和谐现象。

　　2，有松音，送气音，紧音的区别。

(5) 词汇：

　　1，词汇的种类：

　　　　A，不变词：体词：名词，代词，数词；

　　　　　　　　　修饰词：冠词，副词；

　　　　　　　　　独立词：感叹词；

　　　　　　　　　助词：格助词，补助词；

　　　　B：可变词：谓词：动词，形容词。

하ᅳ아

宥真啊，
你怎么了？

美英啊！
韩文太难了。

美英啊，如何可以快
一点地了解韩文呢？

가 나 다 라
우 유 으 이
새 사 서 소

韩文是最科
学最易学的
文字。

韩文对于我而言
是崭新的文字所
以感到很难。

如果你了解了韩文的创
造由来，就能够有趣地
学习韩文了。

是吗？

千字文

嗯，我们最初也不是
使用韩文的。

在韩文被创造出来之前
使用了中国的汉字。

用汉字可以完全表达韩文吗？
百姓们使用的韩语并不能用汉字完全表达。像喔喔，热腾腾这样的话用汉字表达不出来。
꼬끼오!
原来是这样啊。
一般百姓不懂得汉字，朝鲜王朝第四代君主世宗大王深感汉字对文化的传播不便，迫切需要一套完整表达本国语音之文字，故创立韩文表音文字。聪明的人只需一天就可以学会，就算愚笨的人也只需10天左右就可以学会。
빼성들~
I love you ♥
真的吗？
嗯，我来给你讲一下韩文的原理。韩文是由子音和母音组成的。
首先，母音以"天，地，人"为基础创造出来。
ㅣ+ · 组成 ㅏ
· +ㅣ组成 ㅓ
ㅑ，ㅕ也是以此原理组合出来的。
· + ㅡ 可以组合成什么样的母音呢？

那子音呢？
ㄱ!!
对的
ㄱ ㄴ ㄷ

子音是参照人体发声器官发音时喉咙，舌头，牙齿的形态创制而成的。
你看下这张图，就可以明白了。

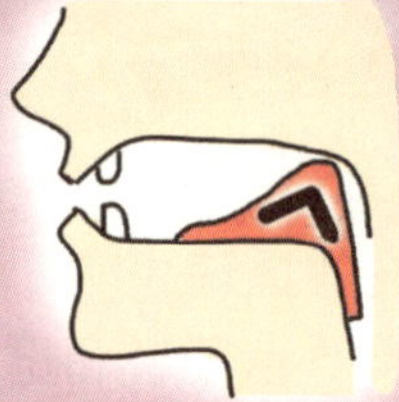 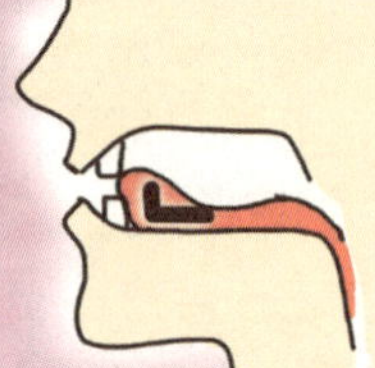 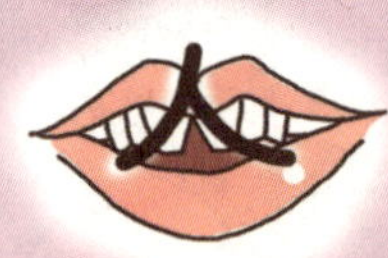 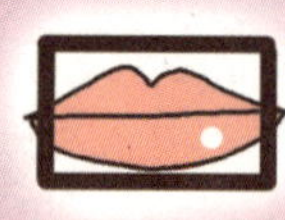 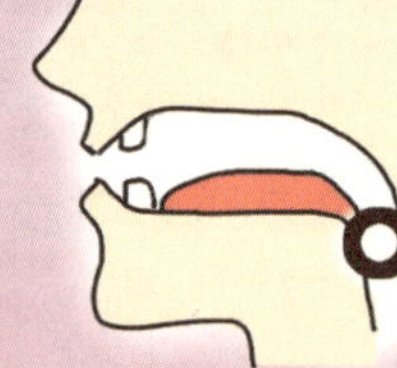

啊！
这些字母真的是跟
发音器官的模样很相似
呢。但是，韩文的子音多
于这5个呀。

기역 니은 디귿 리을 미음 비읍 시옷
이응 지읒 치읓 키읔 티읕 피읖 히읗

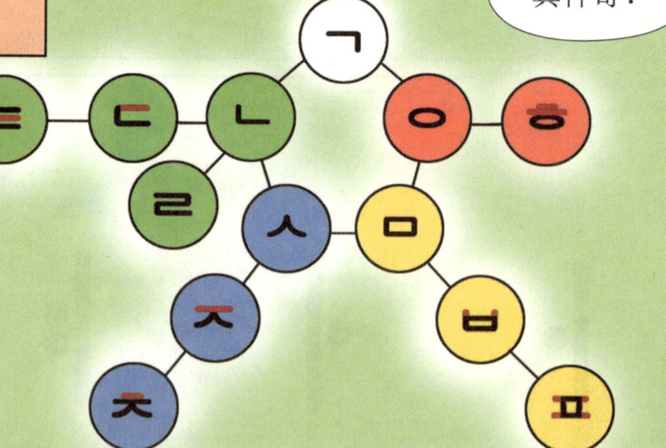
由5个子音字母为基
础，衍生出其他的子
音。
真神奇！
ㅋ
ㄱ
ㅌ ㄷ ㄴ ㅇ ㆁ
ㄹ ㅅ ㅁ
ㅈ ㅂ
ㅊ ㅍ

ㄱ 和 ㅋ 的区别是2个字母发音的位置相同，由于 ㅋ 比 ㄱ 发音的时候要重一些，
所以这个字母 ㅋ 比 ㄱ 多了一笔画。

ㄱ → ㅋ

只要掌握了韩文全部的子音和母音，是不是就可以自如地读韩文书了？

只要掌握好拼写规则就可以掌握所有的韩语单词发音了。

你是指把子音和母音组合到一起吗？
ㄱ + ㅏ

对呀！
我们所学的子音和母音组合起来的形态一共有4种。
4种形态？

第一种，是只由母音形成的韩字，
아, 야, 어, 여, 오, 요, 우, 유,
으, 이。先把这10个字完全掌握。
只用母音吗？
这个太简单了。

아	야	어	여	오
요	우	유	으	이

오이

우유

아이

가	갸	거	겨	고
교	구	규	그	기

가구

아기(孩子)

고기 아기

ㄴ + ㅏ

나	냐	너	녀	노
뇨	누	뉴	느	니

누나

后面附加的基本母音发音表和基本子音发音表，请充分地练习发音并熟练掌握。

가
＋
ㅁ

都是前面学过的发音，很简单吧？
我们掌握的子音中有7个是可以用
来做收音的。

后面附加的收音发音练习表，请充分地练习发音并熟练掌握。

1. 기본모음 익히기 [掌握基本母音]

ㅏ	ㅑ	ㅓ	ㅕ	ㅗ	ㅛ	ㅜ	ㅠ	ㅡ	ㅣ
아	야	어	여	오	요	우	유	으	이

우유

아이

오이

2. 기본자음 익히기 [掌握基本子音]

가	갸	거	겨	고	교	구	규	그	기

가구

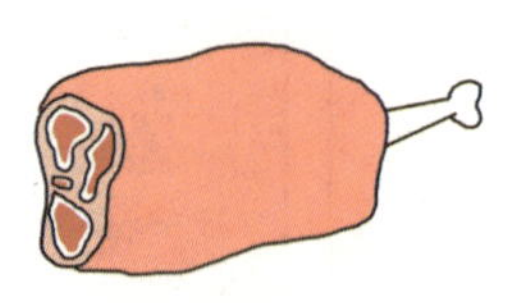

고기

아기

나 냐 너 녀 노 뇨 누 뉴 느 니

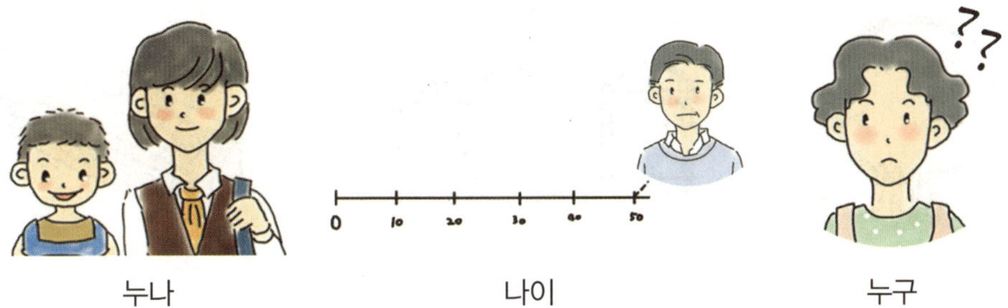

누나　　　　나이　　　　누구

다 댜 더 뎌 도 됴 두 듀 드 디

기도

구두

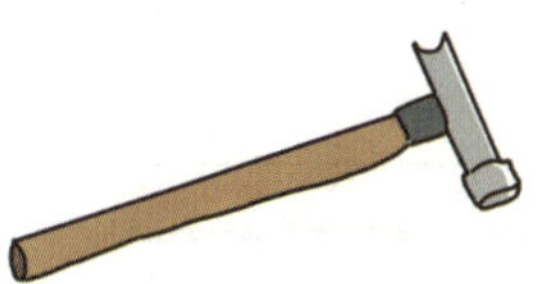
도구

라 랴 러 려 로 료 루 류 르 리

고리

다리

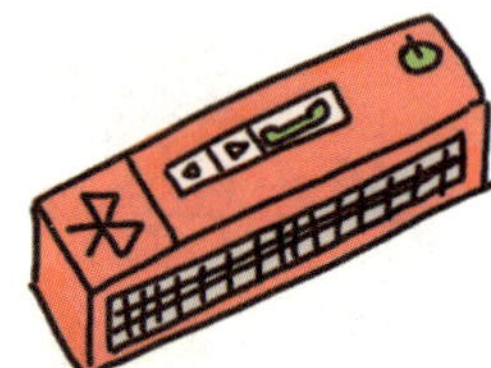

라디오

마 먀 머 며 모 묘 무 뮤 므 미

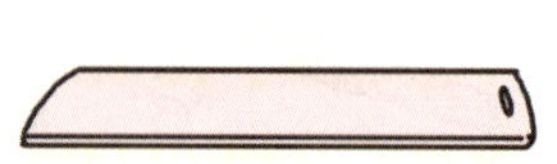

도마

모기

거미

| 바 | 뱌 | 버 | 벼 | 보 | 뵤 | 부 | 뷰 | 브 | 비 |

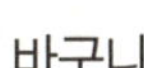

바구니

부모

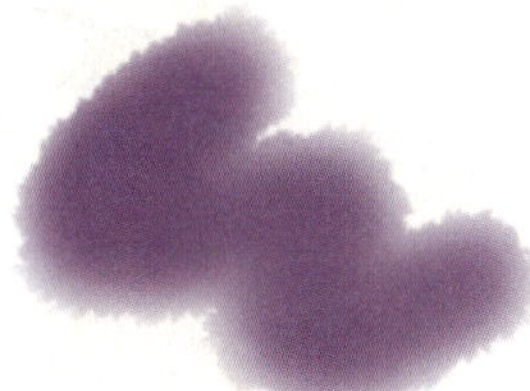

보라

| 사 | 샤 | 서 | 셔 | 소 | 쇼 | 수 | 슈 | 스 | 시 |

소리

버스

사고

자	쟈	저	져	조	죠	주	쥬	즈	지

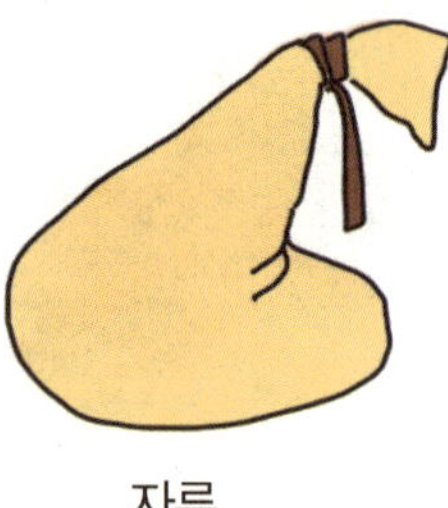

자루

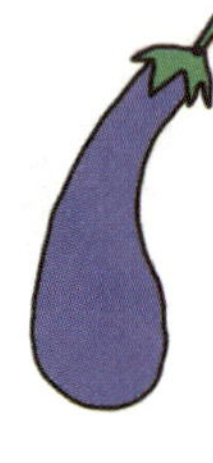

가지

조개

차	챠	처	쳐	초	쵸	추	츄	츠	치

차비

치마

고추

<table>
<tr><td>카</td><td>캬</td><td>커</td><td>켜</td><td>코</td><td>쿄</td><td>쿠</td><td>큐</td><td>크</td><td>키</td></tr>
</table>

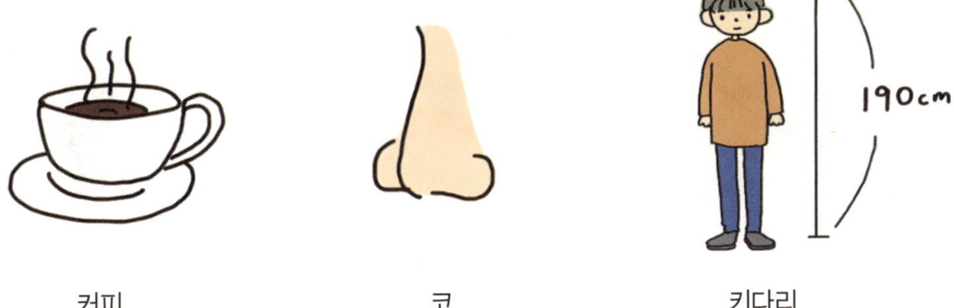

커피

코

키다리

190cm

<table>
<tr><td>타</td><td>탸</td><td>터</td><td>텨</td><td>토</td><td>툐</td><td>투</td><td>튜</td><td>트</td><td>티</td></tr>
</table>

타조

토마토

기타

| 파 | 퍄 | 퍼 | 펴 | 포 | 표 | 푸 | 퓨 | 프 | 피 |

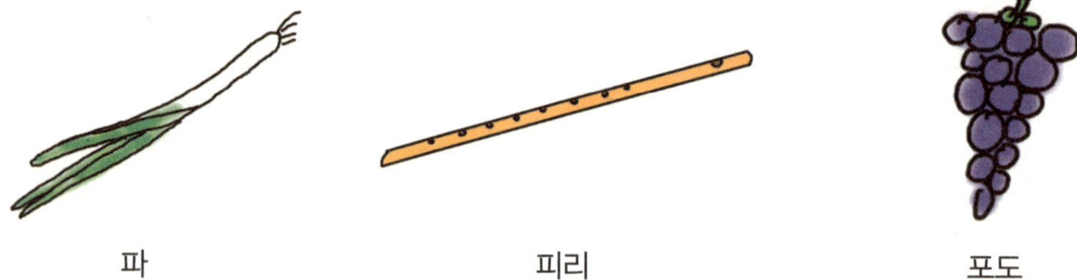

파   피리   포도

| 하 | 햐 | 허 | 혀 | 호 | 휴 | 후 | 휴 | 흐 | 히 |

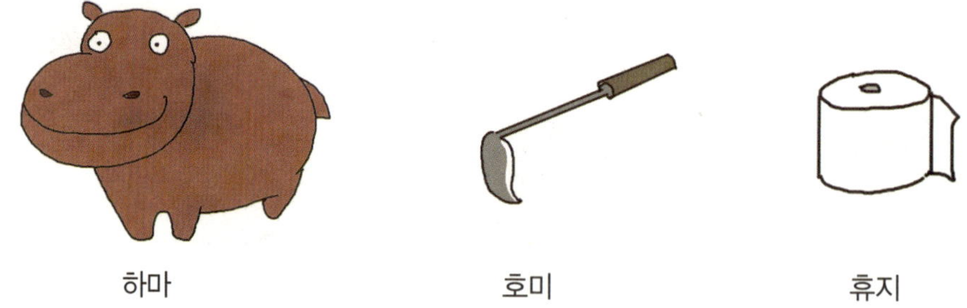

하마   호미   휴지

ㄱ
약
북
학
ㄴ
산
연
돈
ㄷ
돋보기
숟가락
낟알
ㄹ
불
돌
실
ㅁ
곰
밤
점
ㅂ
밥
컵
입
ㅇ
종
콩
총

이유진

한국으로 유학을 온 새내기 중국 유학생.
성격이 쾌활하고 매사가 긍정적이다.
학생회장인 김수현에게 호감을 갖고 있다.

李宥真
来韩国留学的中国留学生，性格开朗，做事积极，暗恋学生会会长。

김미영

유진의 룸메이트. 차분한 성격으로 유진이의 한국 생활을 도와준다.

金美英
宥真的室友，性格沉着冷静，在宥真的韩国生活中提供了很多帮助。

김수현

유진이 학과의 학생회장.
활달하고, 잘생긴 얼굴로 인기가 많다.
유진이가 좋아하는 것을 알고 있지만, 내색하지 않는다.

金秀贤
宥真同专业的学生会会长，性格豁达，长相出众，颇有人气。虽然知道宥真喜欢自己，
但不露声色。

박재욱

유진이의 동급생. 유진이에게 호감을 갖고 있다.
그러나 자신의 마음을 잘 표현하지 않는다.
뒤에서 묵묵히 유진이를 도와준다.

朴在旭
宥真的同学，暗恋宥真。可是，并没有表露自己的真心，在背后默默地帮助宥真。

안녕하세요! (你好!)

학습목표 [学习目标]
· 인사하기 [打招呼]   · 이름 말하기 [介绍名字]

2이
입학을 축하합니다
· 플래카드 橫幅
· 교수 教授
· 강의실 教室
· 문 门
· 여기 这儿, 这边
· 이름 名字
김수현
金秀贤
· 대학생 大学生
· 가방 包
· 책 书
한국어

(宥真顺利地被公州大学韩国语教育专业录取，这一天她怀着激动的心情走进了校园。同专业的学长带宥真去了举办开学典礼的教室)

유진　안녕하세요!
你好!

수현　안녕하세요. 이름이 뭐예요?
你好，你叫什么名字?

유진　이유진입니다.
我叫李宥真。

수현　반갑습니다. 저는 김수현입니다.
认识你很高兴，我叫金秀贤。

유진　반갑습니다.
认识你很高兴。

수현　입학을 축하합니다.
恭喜你入学。

유진　감사합니다.
谢谢。

수현　201호는 여기입니다.
201号教室请这边。

(秀贤伸手指着教室，不小心碰到了宥真的胳膊)

수현　미안합니다.
对不起。

유진　괜찮습니다.
没关系。

안녕하세요!
안녕하세요.
이름이 뭐예요?
이유진입니다.
반갑습니다.
저는 김수현입니다.
반갑습니다.
입학을
축하합니다.
감사합니다.
201호는 여기입니다.
미안합니다.
괜찮습니다.

이름이 뭐예요?
你叫什么名字?

저는 _____ 입니다.
我叫_____。

축하합니다.
恭喜你。

감사합니다.
谢谢。

미안합니다.
对不起。

괜찮습니다.
没关系。

안녕히 계세요.
再见（留步）

안녕히 가세요.
再见（慢走）

안녕히 주무세요.
晚安。

어서 오세요.
欢迎光临。

1. '**-입니다**' : 주어가 지시하는 대상의 속성이나 부류를 지정하는 서술격 조사 '-이다'의 높임표현.
用于词尾，是。。。的意思，陈述式终结词尾。用于谓词词干后面，表示尊敬语。

> **보기**（例句） 저는 김수현**입니다**. 我是金秀贤

1. 저는 이유진 ____________________________________

2. 저는 대학생 ____________________________________

3. 저는 중국인 ____________________________________

4. 여기는 대학교 ____________________________________

5. 여기는 강의실 ____________________________________

2. '**-(으)세요**' : 용언의 어간에 붙어 높임을 나타내는 해요체 종결어미. 'ㄹ'을 제외한 자음 뒤에서
는 '**-으세요**', 모음 뒤에서는 '**-세요**' 用于动词词干后，表示请求命令的非格式体终结词
尾，动词词干为闭音节时，用"-으세요"，为开音节时，用"-세요"。

> **보기**（例句） 읽다 ➡ 읽으세요.
> 　　　　　　　　가다 ➡ 가세요.

1. 웃다 ____________________________________

2. 앉다 ____________________________________

3. 안녕하다 ____________________________________

4. 주다 ____________________________________

5. 그리다 ____________________________________

2과 내일 개강모임이 있어요.
(明天有开学聚会)

(来参加开学典礼的宥真发现了她的室友)

미영 유진아!
宥真啊！

유진 미영아, 반가워!
美英啊，见到你很高兴。

미영 너는 한국어를 알아?
你会韩语吗？

유진 나는 한국어를 몰라.
我不会韩语。

미영 내가 도와줄게.
我来帮助你。

유진 고마워.
谢谢。

(开学典礼开始了)

수현 안녕하세요. 김수현입니다.
你好，我是金秀贤。

(同学们用热烈的掌声欢迎学生会长并认真聆听他的开学致辞)

수현 내일 개강모임이 있어요.
明天有开学聚会。

(宥真因为要打工，担心自己不能参加开学聚会)

유진 저 사람을 알아?
你认识那个人吗？

미영 몰라.
不认识。

유진아!
미영아, 반가워!
너는 한국어를 알아?
나는 한국어를 몰라.
내가 도와줄게.
고마워.
안녕하세요. 김수현입니다.
내일 개강모임이 있어요.
저 사람을 알아?
몰라.

유진아!
宥真啊!

미영아!
美英啊!

한국어를 알아요?
你会韩语吗?

나는 한국어를 몰라요.
我不会韩语。

내일 개강모임이 있어요.
明天有开学聚会。

오늘 개강모임이 없어요.
今天没有开学聚会。

생선이 있어요.
有鱼。

생선이 없어요.
没有鱼。

자동차를 알아요.
知道汽车。

코끼리를 몰라요.
不知道大象。

내가 도와줄게요.
我来帮你。

고마워요.
谢谢。

1. '아/야' : 체언과 결합하여 누구를 부를 때 사용하는 호격조사. 앞에 오는 체언의 말음이 자음이면 '아'가 결합하고 모음이면 '야'를 사용함.
用于称呼中 '啊, 呀', 常用于名字, 人称代词后, 词干为闭音节时, 用 "아" ; 为开音节时, 用 "야"。

보기(例句) 　유진아! 　철수야!

1. 미영 ➡
2. 수현 ➡
3. 유경 ➡
4. 민호 ➡
5. 현수 ➡

2. '이/그/저' : 말하는 이와 듣는 이의 거리에 따라 가리키는 지시 대명사.
① 이 : 指示代词, 指代离说话者比较近的事物时, 用"이",
② 그 : 指示代词, 指代离听话者近的事物时, 用"그",
③ 저 : 指示代词, 指代离说话者和听话者都远的事物时, 用"저"。

보기(例句) 　사람 ➡ 　저 사람을 알아요? 　你认识那个人吗?

1. 남자
2. 여자
3. 학교
4. 대학생
5. 중국인

3과 여보세요?
(喂?)

학습목표 [学习目标]
• 전화 걸기 [打电话]

환풍기 通风机
전등 电灯
프라이팬 平底锅
개수대 洗碗台
가스레인지 燃气灶
세탁기 洗衣机
액자 相框
스피커 喇叭
TV 电视
휴대전화 手机
리모컨 遥控器

（宥真因为有兼职，开学聚会可能会晚去，所以给秀贤打电话。虽然宥真担心自己的韩语不好表达不清楚，但她还是鼓起勇气给秀贤打了电话）

수현　여보세요?
喂？

유진　여보세요? 수현 선배?
喂？是秀贤学长吗？

수현　누구세요?
请问你是？

유진　유진입니다. 안녕하세요.
我是宥真。你好。

수현　안녕.
你好。

유진　저는 내일 개강모임에 못 가요. 미안해요.
我明天参加不了开学聚会了。很抱歉。

수현　괜찮아. 왜? 약속이 있어?
没关系。怎么了，有事吗？

유진　네. 아르바이트가 있어요.
是的。我得打工。

여보세요?
여보세요?
수현 선배?
누구세요?
유진입니다.
안녕하세요.
안녕.
저는 내일 개강모임에
못 가요. 미안해요.
괜찮아.
왜? 약속이 있어?
네. 아르바이트가
있어요.

여보세요? 수현 선배?
喂？是秀贤学长吗？

누구세요?
请问你是？

유진입니다.
我是宥真。

내일 개강파티에 못 가요. 미안해요.
我明天参加不了开学聚会了。很抱歉。

괜찮아요.
没关系。

약속이 있어요?
有约会吗？

네. / 아니요.
是的。/不是。

아르바이트가 있어요.
有兼职。

약속이 있어요.
有约会。

옷을 입어요.
穿衣服。

옷을 벗어요.
脱衣服。

신발을 신어요.
穿鞋子。

신발을 벗어요.
脱鞋子。

1. '못' : 동사가 나타내는 동작을 할 수 없다거나 상태가 이루어지지 않았다는 부정의 뜻을 나타내는 말. 为由于客观原因, 不能/没能做某事。

보기(例句)   내일 개강파티에 가요. → 내일 개강파티에 **못** 가요.

1. 학교에 가다. → _________________________________

2. 라면을 먹다. → _________________________________

3. 전화를 하다. → _________________________________

4. 신발을 신다. → _________________________________

5. 옷을 입다. → _________________________________

2. '이/가' : 주격 조사로 문장의 주체가 누구 혹은 무엇인지를 나타냄. 앞에 나오는 명사의 음절이 자음으로 끝나면 '이'가 결합하고 모음으로 끝나면 '가'가 결합함. 用于名词后, 主要表示行为或状态的主体的主格助词, "이" 前面的单词闭音节的情况下用 "이", "가" 前面的单词开音节的情况下用"가"。

보기(例句)   약속 → 약속이 있어요?
아르바이트 → 아르바이트가 있어요?

1. 옷 → _________________________________

2. 양말 → _________________________________

3. 형 → _________________________________

4. 모자 → _________________________________

5. 누나 → _________________________________

4과 몇 시예요?
(现在几点?)

학습목표 [学习目标]
• 시간 말하기 [表达时间的说法]

하늘 天空
나무 树木
몇 시예요?
现在几点?
시계 钟表
옷 衣服
꽃 花
화단 花坛
신발 鞋子
땅 地

(宥真听说开学聚会是六点开始，因此她为能够参加开学聚会而感到很开心)

유진　내일 개강모임이 몇 시예요?
明天开学聚会是几点呢？

수현　6시야. 내일은 아르바이트 있다면서?
6点。你明天不是有打工吗？

유진　6시면 갈 수 있어요.
6点的话我可以去参加聚会的。

수현　그래? 잘 됐네. 오늘은 뭐할 거야?
真的吗？　那太好了。今天你要做什么？

유진　한국어를 공부할 거예요.
我打算学习韩语。

수현　한국어가 재미있어?
学韩语有意思吗？

유진　네. 재미있어요.
是的，有意思。

수현　그래?
真的吗？

유진　그런데 어려워요.
可是难呀。

수현　한국어는 안 어려워.
韩语不难。

유진　많이 도와주세요.
내일 개강 모임에서 만나요.
请多多帮助我。明天开学聚会上见吧。

수현　그래. 내일 봐.
好的，明天见。

내일 개강모임이 몇 시예요?
6시
한국어를 공부할 거예요.
네. 재미있어요.
한국어가 재미있어?
그래?
그런데 어려워요.
한국어는 안 어려워.
많이 도와주세요.
내일 개강 모임에서 만나요.
그래. 내일 봐.

개강모임이 몇 시예요?
开学聚会是几点呢?

6시.
6点。

한국어가 재미있어요?
学韩语有意思吗?

네. 재미있어요.
是的。有意思。

한국어는 어려워요.
韩语难。

한국어는 안 어려워요.
韩语不难。

축구가 재미있어요.
足球有意思。

수영이 재미있어요.
游泳有意思。

한국어를 가르쳐요.
教韩语。

한국어를 공부해요.
学习韩语。

오랜만이에요. 반가워요.
好久不见，见到你很高兴。

1. '을/를' : 목적격 조사로 명사에 붙어서 문장에서 행위의 대상이 됨을 나타냄. 앞에 오는 명사의 끝 음절이 자음으로 끝나면 '을', 모음으로 끝나면 '를'과 결합함. 体词后加宾格助词 "을/를", 表示动作直接涉及的对象. 前面的单词为开音节的情况下用 '를', 前面的单词为闭音节的情况下用 '을'.

보기(例句)
한국어 → 한국어<u>를</u> 배워요.
운동 → 운동<u>을</u> 배워요.

1. 한글 → ____________________

2. 배드민턴 → ____________________

3. 일본어 → ____________________

4. 태권도 → ____________________

5. 야구 → ____________________

2. '–(어/아)요' : 청자에게 존대의 뜻을 나타내는 보조사로서, 종결 어미 뒤에 붙어 쓰임. 终结词尾 "아요,어요,여요" 是准敬阶称 "해요" 系列的词尾, 用在谓词后面, 带有亲切的语气. 可用在陈述形、疑问形、命令形、共同形中. ①"아요"的用法 : 谓词词干末尾元音为 "ㅏ,ㅗ"时, 后面加 "아요". "하다"动词除外. ②"어요"的用法 : 谓词词干末尾元音为 "ㅏ,ㅗ"以外的其他元音时, 后面加 "어요".

보기(例句) 고맙다 → 고마워<u>요</u>.

1. 감사하다 ____________________

2. 도와주다 ____________________

3. 일어나다 ____________________

4. 먹다 ____________________

5. 보다 ____________________

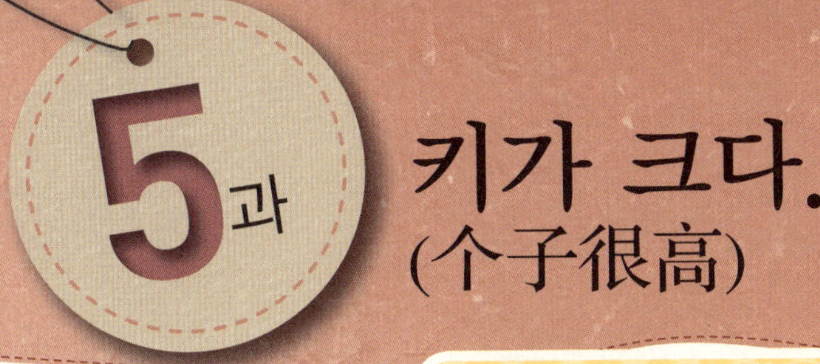

5과
키가 크다.
(个子很高)

학습목표 [学习目标]
• 외모 표현하기 [形容外貌的说法]
• 신체 부위 알기 [了解身体部位的说法]

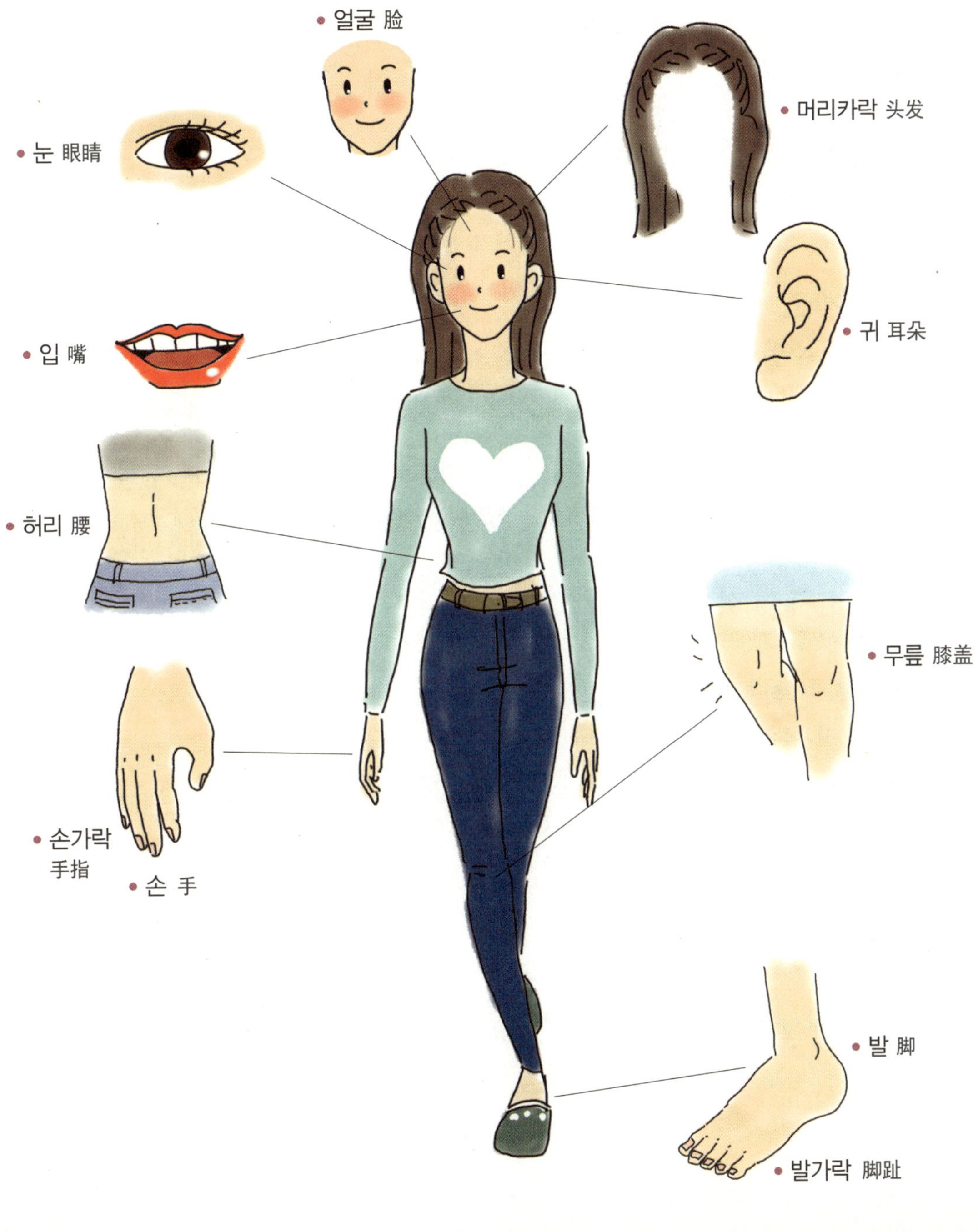

얼굴 脸
머리카락 头发
눈 眼睛
귀 耳朵
입 嘴
허리 腰
무릎 膝盖
손가락 手指
손 手
발 脚
발가락 脚趾

（上完课回到宿舍的宥真和室友美英聊天）

미영　오늘 수업은 재미있었니?
今天的课有意思吗？

유진　아니. 재미없었어. 어려웠어.
没意思，有点难。

미영　다 재미없었어?
都没意思吗？

유진　한국문화 수업은 재미있었어.
韩国文化课蛮有意思的。

미영　그래?
真的吗？

유진　말하기 수업도 좋았어.
韩语会话课也挺好。

（宥真忽然想起刚刚给秀贤学长打电话的事情，于是和美英诉说）

유진　미영아, 수현 선배를 알아?
认识秀贤学长吗？

미영　응. 알아. 학회장이야.
恩，知道，学生会会长。

유진　키가 큰 사람이지?
他个子很高吧？

미영　맞아, 수현 선배는 잘생겼어.
对啊，秀贤学长长得帅。

유진　그래, 눈도 커.
是的，眼睛也大。

오늘 수업은
재미있었니?

아니.
재미없었어.
어려웠어.

다 재미없었어?

한국문화 수업은
재미있었어.

그래?

말하기 수업도
좋았어.

미영아,
수현 선배를
알아?

응. 알아.
학회장이야.

키가
큰 사람이지?

그래,
눈도 커.

맞아, 수현 선배는
잘생겼어.

오늘 수업이 재미있었어요?
今天的课有意思吗?

아니요. 재미없었어요.
不，没意思。

한국문화 수업이 좋아요.
韩国文化课很好。

한국어 말하기 수업도 좋아요.
韩语会话课也挺好。

수현 선배는 키가 커요.
秀贤学长个子高。

수현 선배는 잘생겼어요.
秀贤学长长得帅。

인형이 좋아요.
喜欢娃娃。

뱀이 싫어요.
讨厌蛇。

잘생겼어요.
长得帅。

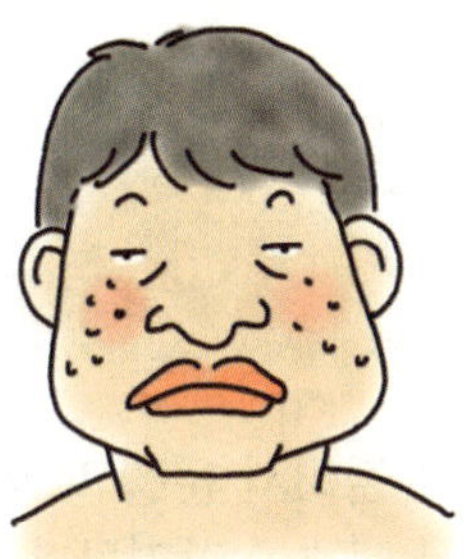

못생겼어요.
长得不帅。

뚱뚱해요.
胖。

날씬해요.
瘦。

1. '-었-/-았-' : 말하는 것보다 이전에 한 행동이나 과거에 습관적으로 했던 일을 말할 때 사용됨. 어간의 마지막 음절에 ㅏ, ㅗ가 있으면 '어간+-았-'이 되고, ㅏ, ㅗ 이외의 모음이 있으면 '어간+-었-'이 됨. 过去时(았/었)表示过去已经发生的事情，或过去发生的事情持续到现在并对现在也有影响。词干的最后一个音节为ㅏ, ㅗ 时用'았', ㅏ, ㅗ 以外的音节, 则用'었'。

> **보기**(例句) 재미있다 → 오늘 수업이 재미있<u>었</u>니?

1. 좋다 → _______________________________

2. 싫다 → _______________________________

3. 많다 → _______________________________

4. 적다 → _______________________________

5. 괜찮다 → _______________________________

2. '은/는' : 명사에 붙어서 문장의 주제를 나타낸다. 보통 말하는 사람과 듣는 사람이 누구 혹은 무엇에 대해 이야기하고 있는지 알고 있는 상황에 쓰임. 마지막 음절이 자음으로 끝나면 '은', 모음으로 끝나면 '는'이 붙음. 补助助词"—은/는"接在名词或代词后, 使其成为句子的主题。在向别人介绍, 说明自己和他人、他物时, 用"은"或"는"。"—은/는"与"—이/가"的区别是, 当再一次提到在谈话中已提及的对象, 并将其做主语时, 用"—은/는"。闭音节用"은", 开音节用"는"。

> **보기**(例句) 수업 → 수업<u>은</u> 재미있어요.
> 한국어 → 한국어<u>는</u> 재미있어요.

1. 책 _______________________________

2. 모임 _______________________________

3. 수영 _______________________________

4. 야구 _______________________________

5. 말하기 _______________________________

6과 도서관에 가요?
（去图书馆吗？）

(终于到了开学聚会的日子)

수현　유진아!
你好，宥真啊！

유진　네. 안녕하세요. 수현 선배.
你好，秀贤学长。

수현　어디에 가니?
去哪里啊？

유진　기숙사에 가요. 선배는 어디에 가요?
去宿舍。学长去哪里？

수현　난 도서관에 가. 오늘 개강모임이 있는 거 알지?
我去图书馆。知道今天的开学聚会吧？

유진　네. 6시에 만나요.
是的，6点见吧。

(韩国语教育系开学聚会上，美英和宥真互相劝酒，度过了愉快的时光。那时，美英的高中同学在旭路过)

미영　재욱아! 여기는 유진이야. 유진아! 여기는 재욱이야. 서로 인사해.
在旭啊！这是宥真。宥真啊！这是在旭。你们互相认识一下。

재욱　반갑다.
见到你很高兴。

유진　나도 반가워.
见到你我也很高兴。

재욱　유진아, 빵을 먹을래?
宥真啊，你吃面包吗？

유진　아니, 빵은 먹기 싫어.
不用了，我不想吃面包

재욱　그러면 맥주를 마실래?
那要不要喝杯啤酒？

유진　그래. 맥주를 마실게.
好，我喝啤酒吧。

유진아!
네. 안녕하세요. 수현 선배.
어디에 가니?
기숙사에 가요. 선배는 어디에 가요?
난 도서관에 가. 오늘 개강모임이 있는 거 알지?
네. 6시에 만나요.
재욱아! 여기는 유진이야. 유진아! 여기는 재욱이야. 서로 인사해.
나도 반가워.
반갑다.
유진아, 빵을 먹을래?
아니, 빵은 먹기 싫어.
그러면 맥주를 마실래?
그래. 맥주를 마실게.

빵을 먹을래요?
吃面包吗?

빵은 안 먹을래요. 나는 배불러요.
我不吃面包。我饱了。

오늘 개강모임에서 만나요.
今天的开学聚会上见吧。

6시에 만나요.
6点见吧。

어디에 가세요?
去哪里啊?

기숙사에 가요.
去宿舍。

배가 고파요.
肚子饿。

배가 불러요.
吃饱了。

물을 마셔요.
喝水。

빵을 먹어요.
吃面包。

미영아! 여기는 내 후배 민수야. 소개할게.
美英啊， 我来介绍一下，这是我的学弟闵秀。

1. '도' : 어떤 것이 포함되어 있고 거기에 더함을 나타냄. 助词, '也'的意思。

> **보기**(例句) 저, 반가워요 ➡ 저<u>도</u> 반가워요.

1. 한국어, 좋아요 ➡

2. 술, 마셔요 ➡

3. 음식, 맛있어요 ➡

4. 영화, 재미있어요 ➡

5. 나, 배불러요 ➡

2. '안' : 동사와 형용사를 부정할 때 사용된다. '안'是指主观上的否定, 就是原因一般是出于自己主观意愿, 还有就是更常用于陈述一般的事实, 常用于动词, 形容词前。

> **보기**(例句) 빵, 먹다 ➡ 빵을 <u>안</u> 먹어요.

1. 수박, 먹다

2. 술, 마시다

3. 학교, 가다

4. 공부, 하다

5. 책, 읽다

7과 떡볶이는 매워요.
(炒年糕很辣)

(聚会的气氛渐渐热烈起来, 宥真的酒劲上来了)

수현 유진아! 떡볶이 먹어.
宥真呀！来吃点炒年糕。

유진 떡볶이는 매워요.
炒年糕好辣哦。

수현 김밥을 줄까?
要不要吃点紫菜包饭？

유진 네. 김밥은 좋아해요. 선배의 눈이 예뻐요.
嗯，我喜欢紫菜包饭。学长你的眼睛好漂亮。

수현 너도 귀여워.
你也很可爱啊。

유진 저는 선배를 좋아해요. 선배는 멋있어요.
学长，我喜欢你，你好帅。

수현 고마워, 유진아. 하하하
(慌张状)谢谢你，宥真呀。哈哈哈

(宥真倾尽所学的韩语向学长表白了)

유진 웃지 마세요. 진심이에요.
不要笑啊。是真心话。

수현 응. 알았어.
嗯，我知道了。

유진아!
떡볶이 먹어.
떡볶이는
매워요.
김밥을
줄까?
네. 김밥은
좋아해요.
선배의 눈이
예뻐요.
너도 귀여워.
저는 선배를 좋아해요.
선배는 멋있어요.
고마워,
유진아. 하하하
웃지 마세요.
진심이에요.
응. 알았어.

떡볶이 맛이 어때요?
炒年糕味道怎么样？

매워요.
很辣。

저는 선배를 좋아해요. 선배 멋있어요.
我喜欢学长。学长很帅。

고마워요.
谢谢你。

그래요. 하하하
是吗。哈哈哈

웃지 마세요.
不要笑。

고추가 매워요.
辣椒辣。

약이 써요.
药苦。

소금이 짜요.
盐咸。

아이스크림이 달콤해요.
冰淇淋甜。

아기가 귀여워요.
孩子可爱。

수현선배가 멋있어요.
秀贤学长帅。

1. '–(으)ㄹ까요?' : 의문의 높임 표현. 表示征求听者对尚未决定的事情的意见。

보기(例句)　김밥, 주다　➡　김밥을 줄까요?

1. 라면, 먹다 ➡

2. 연필, 주다 ➡

3. 영화, 보다 ➡

4. 휴지, 버리다 ➡

5. 우유, 마시다 ➡

2. '–지 마세요' : 앞 말이 뜻하는 행동을 하지 못하게 함을 나타내는 말. 用在动词词干后，表示劝阻，有 "请不要" 的意思。

보기(例句)　웃다 ➡ 웃지 마세요.

1. 먹다

2. 입다

3. 벗다

4. 마시다

5. 만나다

어디가 아프니?
(你哪里不舒服吗?)

(第一次喝酒的宥真喝醉了。第二天在宿舍)

미영 유진아, 괜찮아? 어디가 아파?
宥真呀，没事吧？哪里不舒服？

유진 배가 너무 아파.
肚子好疼。

미영 약을 먹어. 여기에 있어.
吃药吧，在这呢。

유진 고마워. 머리도 아파.
谢谢，头也有点痛。

미영 감기인가? 병원에 가자.
是感冒了吗？ 一起去医院吧。

유진 술을 마셔서 어제의 일이 기억이 안 나.
昨天喝多了，什么都记不起来了。

미영 정말이야?
真的吗？

유진 너무 취한 건가? 오늘은 무슨 요일이니?
是不是太醉了？ 今天是星期几？

미영 토요일이야.
星期六。

유진아, 괜찮아? 어디가 아파?
배가 너무 아파.
약을 먹어. 여기에 있어.
고마워. 머리도 아파.
감기인가? 병원에 가자.
술을 마셔서 어제의 일이 기억이 안 나.
정말이야?
너무 취한 건가? 오늘은 무슨 요일이니?
토요일

어디 아파요?
哪里不舒服？

배가 너무 아파요.
肚子好疼。

기억이 안 나요.
想不起来。

정말이에요?
真的吗？

오늘이 무슨 요일이에요?
今天是星期几？

토요일이에요.
星期六

열이 나요.
发烧。

다리를 다쳤어요.
腿受伤了。

약을 먹어요.
吃药。

약국에 가요.
去药房。

남학생이 서 있어요.
男学生在站着。

남학생이 앉아 있어요.
男学生在坐着。

1 '**-자**' : 어떤 행동을 함께 하자는 뜻을 나타내는 종결 어미. 表示某种行动一起的终结语尾。一起做……吧，用于共动句中。

> **보기** (例句) 병원에 가다. → 병원에 가<u>자</u>.

1. 돈을 찾다. → ________________________________

2. 밥을 먹다. → ________________________________

3. 영화를 보다. → ________________________________

4. 책을 빌리다. → ________________________________

5. 학교에 가다. → ________________________________

2. '**-입니까?**' : 주어가 지시하는 대상의 속성이나 부류를 묻거나 추측할 때 사용함. 表疑问，终结词尾。

> **보기** (例句) 중국인 → 중국인입니까?

1. 선생님 ________________________________

2. 대학생 ________________________________

3. 여자 ________________________________

4. 책 ________________________________

5. 가방 ________________________________

교통카드 주세요.
(请给我交通卡)

(要去坐巴士的宥真遇到了在旭)

재욱 유진아! 어디에 가니?
宥真啊！去哪儿啊？

유진 안녕. 나는 병원에 가.
（惊吓状）你好。我去医院。

재욱 나도 같이 가. 버스를 타자. 교통카드가 있니?
我也一起去。我们坐公交车吧。你有交通卡吗？

유진 아니, 없어.
没有。

재욱 먼저 편의점부터 가자. 내가 도와줄게.
那先去便利店吧。我帮你。

(进了便利店的在旭和宥真)

점원 어서 오세요.
欢迎光临。

재욱 교통카드 주세요.
请给我交通卡。

점원 카드를 고르세요.
请挑选交通卡。

유진 여기요.
这个吧。

점원 얼마를 충전해 드릴까요?
帮您充值多少钱？

재욱 10,000원이요.
10000元。

점원 여기 있습니다.
给您。

유진 감사합니다.
谢谢。

점원 안녕히 가세요.
再见。

유진아! 어디에 가니?
안녕. 나는 병원에 가.
나도 같이 가. 버스를 타자. 교통카드가 있니?
아니, 없어.
먼저 편의점부터 가자. 내가 도와줄게.
어서 오세요.
교통카드 주세요.
카드를 고르세요.
여기요.
얼마를 충전해 드릴까요?
10,000원이요.
여기 있습니다.
감사합니다.
안녕히 가세요.

어디에 가세요?
去哪儿?

나는 병원에 가요.
我去医院。

나도 같이 가요.
我也一起去。

얼마를 충전해 드릴까요?
帮您充值多少钱?

10,000원이요.
10000元。

여기 있습니다.
给您。(在这里)

감사합니다.
谢谢。

문을 미세요.
请推门。

문을 당기세요.
请拉门。

버스에서 내려요.　　버스를 타요.
下公交车。　　　　乘坐公交车。

버스를 기다려요.
等公交车。

1. '–니?' : 물음의 뜻을 나타내는 종결 어미. '–냐'에 비하여 좀 더 친밀하고 부드럽게 이르는 느낌을 줌. 表疑问的终结词尾。与 '냐' 相比有更为亲密柔和之感。

> **보기**(例句)　교통카드가 있다. ➡ 교통카드가 있<u>니</u>?
>
> **1.** 돈이 있다. ➡
>
> **2.** 돈을 찾다. ➡
>
> **3.** 밥을 먹다. ➡
>
> **4.** 책을 읽다. ➡
>
> **5.** 영화를 보다. ➡

2. '–(어/아)야 되다(하다)' : 앞말이 뜻하는 행동을 하거나 앞말이 뜻하는 상태가 되는 것이 필요함을 나타낼 때 사용함. 用于谓词（形容词、动词）词干后，表示实现某一动作或达到某一状态的必备条件，相当于汉语的 "得…"、"必须…"、"一定要…"、"应该…"。①词干元音以 "ㅏ、ㅗ" 结束时，用-아야 되다(하다)　②词干元音为 "ㅏ、ㅗ" 以外的元音结束时，用-어야 되다(하다)　③和动词하다连用时，变成해야 되다(하다)）。

> **보기**(例句)　발표하다. ➡ 발표해<u>야 한다.</u>
>
> **1.** 반납하다.
>
> **2.** 올라가다.
>
> **3.** 보다.
>
> **4.** 만나다.
>
> **5.** 먹다.

10과 처방전 여기 있습니다.
(处方在这里)

（去医院的宥真）

유진 접수를 하려고요.
我想挂号。

간호사 처음 오셨어요?
第一次来吗?

유진 네.
是的。

간호사 이름, 전화번호, 주민등록번호, 주소를 적어 주세요.
请写一下姓名，电话号码，身份证号码，地址。

유진 여기요.
写好了, 给您。

간호사 잠시만 기다리세요.
请稍等。

（过了一会儿，来到诊疗室）

간호사 들어오세요.
请进。

의사 어디가 아파요?
哪里不舒服?

유진 배와 머리가 아파요.
肚子和头很痛。

（治疗结束去缴费的宥真）

간호사 처방전 여기 있습니다. 진료비는 5,000원입니다.
处方在这里。诊疗费是5000元。

유진 안녕히 계세요.
再见。

한국병원
접수·수납
접수를 하려고요.
처음 오셨어요?
네.
개인 정보
이름
전화번호
주민등록번호
주소
배고
이름, 전화번호, 주민등록번호, 주소를 적어주세요.
여기요.
잠시만 기다리세요.
들어오세요.
어디가 아파요?
배와 머리가 아파요.
처방전 여기 있습니다. 진료비는 5,000원입니다.
안녕히 계세요.

접수하려고요.
我想挂号。

처음 오셨어요?
第一次来吗？

어디가 아파요?
哪里不舒服？

배와 머리가 아파요.
肚子和头很痛。

처방전 여기 있습니다. 5,000원입니다.
处方在这里。一共5000元。

안녕히 계세요.
再见。

이름, 전화번호, 주민등록번호, 주소를 적어 주세요.
请写一下名字，电话号码，身份证号码，住址。

들어오세요.
请进。

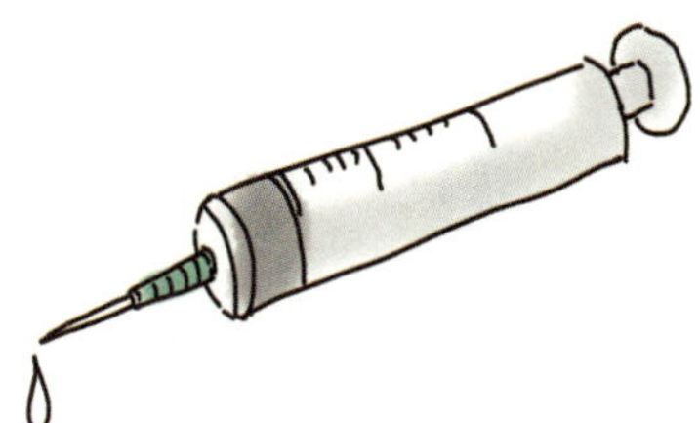

주사를 맞아요.
打针。

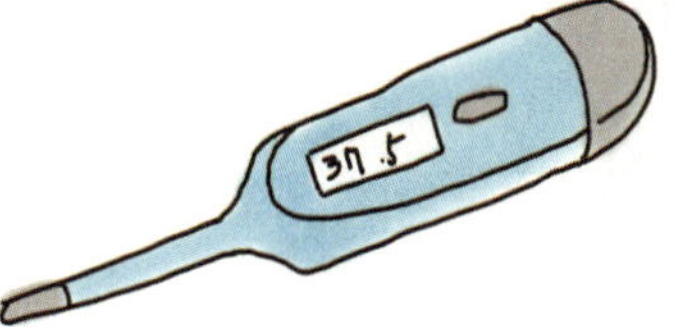

체온을 재요.
量体温。

1. '–이에요/–예요' : 문장의 끝에서 명사와 결합하여 문장을 서술하는 어미. 在句子结尾与名词结合，表叙述型的终结语尾。前面的单词为闭音节的情况下用 '–이에요'，前面的单词为开音节的情况下用 '–예요'。

> **보기**(例句) 가방이에요.(这是包)
>
> 지우개예요.(这是橡皮)

1. 사진 ➡

2. 학교 ➡

3. 어린이 ➡

4. 어른 ➡

5. 바지 ➡

2. '와/과' : 둘 이상의 사물을 같은 자격으로 이어줄 때 사용함. 받침이 있는 말 뒤에는 '과'를, 없는 말 뒤에는 '와'를 사용함. 用于表示人的名词或代词之后，表示"与该人共同⋯⋯"。开音节后用"와"，闭音节后用'과'。

> **보기**(例句) 배, 머리 ➡ 배와 머리가 아파요.

1. 코, 귀

2. 다리, 허리

3. 어깨, 팔

4. 가슴, 손

5. 팔, 눈

11과

된장찌개 하나, 비빔밥 하나 주세요.
(请给我一份大酱汤，一份拌饭)

（肚子饿了的宥真和美英去了超市的食品区）

점원　어서 오세요.
欢迎光临。

유진　안녕하세요.
你好。

미영　우리 무엇을 먹을까?
我们吃什么？

유진　난 된장찌개를 먹을 거야.
我要吃大酱汤。

미영　난 비빔밥을 먹을래.
我要吃拌饭。

점원　주문하시겠어요?
要点餐吗？

유진　된장찌개 하나, 비빔밥 하나 주세요.
请给我一份大酱汤，一份拌饭。

점원　포장이요?
打包吗？

유진　아니요. 여기서 먹을게요. 얼마예요?
不，在这里吃。多少钱？

점원　10,000원입니다.
一共10000元。

유진　여기요.
给您。

점원　진동벨이 울리면 받아 가세요.
震动铃响的时候请来取。

미영　저기 수현 선배가 오는데?
秀贤学长也来吃饭了？

어서 오세요.
안녕하세요.
우리 무엇을 먹을까?
난 된장찌개를 먹을 거야.
난 비빔밥을 먹을래.
된장찌개 5,000
김치찌개 7,000
비빔밥 5,000
우동
김치우동 6,000
유부우동 6,000
분식
떡볶이 3,000
김밥 2,000
튀김
주문하시겠어요?
된장찌개 하나, 비빔밥 하나 주세요.
포장이요?
아니요. 여기서 먹을게요. 얼마예요?
10,000원입니다.
여기요.
진동벨이 울리면 받아 가세요.
저기 수현 선배가 오는데?

우리 뭐 먹을까요?
我们吃什么？

난 된장찌개를 먹을 거예요.
我要吃大酱汤。

주문하시겠어요?
要点餐吗？

된장찌개 하나, 비빔밥 하나 주세요.
请给我一份大酱汤，一份拌饭。

얼마예요?
多少钱？

만 원입니다.
一共一万元。

진동벨이 울리면 받아 가세요.
震动铃响的时候请来取走。

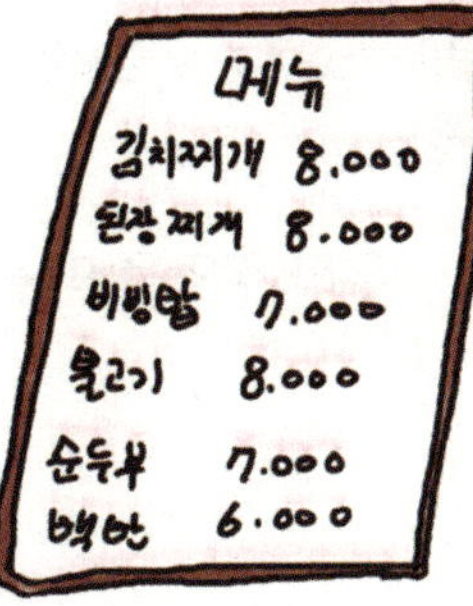

메뉴판이 저기 있네요.
菜单在那边。

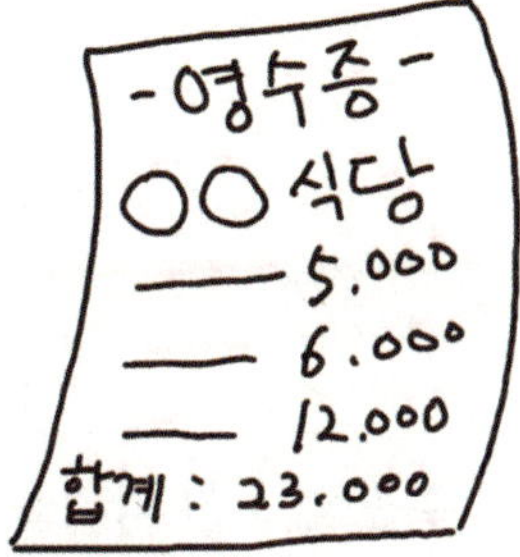

영수증 여기 있습니다.
发票在这里。

소금이랑 후추 주세요.
请给我盐和胡椒粉。

설탕도 드릴까요?
白糖也给您一些?

1. '**-(으)ㄹ까**' : 현재 정해지지 않은 일에 대한 물음이나 추측을 나타내는 종결어미. 用于谓词（动词、形容词）后，表示征求听者对尚未决定事情的意见。或者表示猜测性质的疑问语气。

> **보기** (例句)　먹다 ➡ 우리 무엇을 먹을까?

1. 하다 ➡ _______________________

2. 마시다 ➡ _______________________

3. 주문하다 ➡ _______________________

4. 보다 ➡ _______________________

5. 입다 ➡ _______________________

2. '**-(으)ㄹ 거야**' : 전망이나 추측, 또는 주관적 소신 따위를 나타내는 의존 명사 '것'을 구어적으로 이르는 말. 表示推测或可能、意志。主语是第一、二人称单数时，表示意愿、可能。

> **보기** (例句)　된장찌개, 먹다 ➡ 난 된장찌개를 먹을 거야.

1. 불고기, 먹다 _______________________

2. 신발, 신다 _______________________

3. 양말, 벗다 _______________________

4. 콜라, 마시다 _______________________

5. 컴퓨터, 하다 _______________________

12과 동아리 모임이 있어.
(有社团聚会)

（在饭店相遇的秀贤和宥真）

유진　수현 선배!
秀贤学长！

수현　유진아, 잘 지냈니?
宥真啊，过得还好吗？

유진　네, 선배.
是的，学长。

수현　금요일에 잘 들어갔니?
星期五那天回去得还顺利吗？

유진　금요일? 20일에요? 잘 들어갔어요.
星期五？　20号吗？　顺利回去了。

수현　그래? 다행이다.
是吗？万幸啊。

유진　제가 실수했나요?
我有什么失误的吗？

수현　아니야. 한국어 공부는 열심히 하니?
没什么的。在努力学韩语吗？

유진　네. 매일 아침 공부하고 있어요.
是的，每天早上学。

수현　대단해!
真厉害！

유진　선배! 다음 주 화요일에 저녁 같이 먹어요.
学长，下周二一起吃晚饭吧。

수현　다음 주 화요일? 동아리 모임이 있어. 미안해.
下周二？　我有社团聚会。对不起啊。

수현 선배!
유진아, 잘 지냈니?
네, 선배.
금요일에 잘 들어갔니?
금요일? 20일에요? 잘 들어갔어요.
그래? 다행이다.
제가 실수했나요?
아니야. 한국어 공부는 열심히 하니?
네. 매일 아침 공부하고 있어요.
대단해!
선배! 다음 주 화요일에 저녁 같이 먹어요.
다음 주 화요일? 동아리 모임이 있어. 미안해.

잘 지냈어요?
过得还好吗?

네, 선배.
是的，学长。

한국어 공부는 열심히 하나요?
在努力学韩语吗？

네, 매일 아침 공부하고 있어요.
是的，每天早上学。

다음 주 화요일에 저녁 같이 먹어요.
下周二一起吃晚饭吧。

다음 주 화요일? 동아리 모임이 있어요. 미안해요.
下周二？ 我有社团聚会。对不起啊。

오전에 모임이 있어요.
上午有聚会。

오후에 모임이 있어요.
下午有聚会。

아침에 만나요.
早上见。

점심에 만나요.
中午见。

저녁에 만나요.
晚上见。

봉사활동을 해요.
做志愿福利活动。

모임에 참석해요.
参加聚会。

1. '잘' : 옳고 바르게, 좋고 훌륭하게 한다는 뜻을 나타낼 때 사용함. 副词，相当于"好好儿地"。也就 是说'잘'后面可以直接接动词，可翻译成"某事做得好"。

> **보기** (例句)   들어갔어요. → 잘 들어갔어요?

1. 먹었어요. → ________________________________

2. 했어요. → ________________________________

3. 보았어요. → ________________________________

4. 갔어요. → ________________________________

5. 잤어요. → ________________________________

2. '–나요?' : 물음을 나타내는 종결어미 '–나'는 주로 동사 어간이나 어미 뒤에 붙어 쓰이는 높임 표현. '–나' 主要用于动词词干或词尾后，是表疑问的敬语形式终结词尾。

> **보기** (例句)   실수하다. → 실수했나요?

1. 보다. ________________________________

2. 있다. ________________________________

3. 자다. ________________________________

4. 대답하다. ________________________________

5. 공부하다. ________________________________

13과 어떻게 하는 거지?
(这是怎么弄的?)

(上课中)

교수님 목요일에 조별 발표가 있습니다.
星期四有小组发表。

유진 목요일? 자료를 찾아야겠어.
星期四吗？该查找材料了。

미영 수업이 끝나고 도서관에 가자.
下课去图书馆吧。

유진 그래.
好的。

(去图书馆的美英和宥真，美英去洗手间时，在资料搜索处查找资料的宥真)

유진 어떻게 하는 거지?
这是怎么弄的？

(在图书馆大厅的在旭看见了宥真)

재욱 뭐하니?
在干嘛？

유진 재욱아, 안녕. 검색 방법을 모르겠어.
在旭啊，你好。我不知道搜索方法。

재욱 검색창에 책 제목을 써 봐.
在搜索窗口输入书名试试。

유진 홍길동전. 이렇게?
洪吉童传。是这样吗？

재욱 그렇지. 클릭해 봐. 그리고 인쇄를 눌러.
是的，点击一下。然后点打印。

유진 어느 자료실에 있는 거지?
在哪个资料室啊？

재욱 5층에 있네. 같이 올라갈까?
在5楼。要我陪你一起上去吗？

유진 그래, 고마워.
好，谢谢。

목요일에 조별 발표가 있습니다.
목요일? 자료를 찾아야겠어.
수업이 끝나면 도서관에 가자.
자료 검색대
어떻게 하는 거지?
공주어학교도서관
뭐하니?
재욱아, 안녕. 검색 방법을 모르겠어.
검색창에 책 제목을 써 봐.
홍길동전
홍길동전. 이렇게?
그렇지. 클릭해 봐.
딸깍
그리고 인쇄를 눌러.
서지 인쇄
어느 자료실에 있는 거지?
5층에 있네. 같이 올라갈까?
그래, 고마워.

자료를 찾아야겠어요.
该查找材料了。

수업이 끝나고 도서관에 가요.
下课去图书馆吧。

어떻게 하는 거죠?
这是怎么弄的？

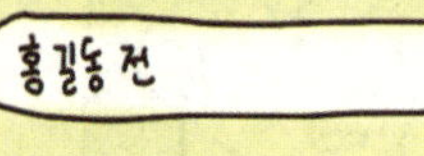

검색창에 책 제목을 적어요.
在搜索窗口输入书名。

어느 자료실에 있는 거죠?
在哪个资料室啊？

5층에 있네요.
在5楼。

목요일에 조별 발표가 있어요.
星期四有小组发表。

목요일?
星期四吗?

검색하는 방법을 모르겠어요.
不知道搜索方法。

도와줄까요?
需要帮忙吗?

같이 올라갈까요?
要一起上去吗?

고마워요.
谢谢。

1. '**-겠-**' : 화자의 추측, 의지, 미래를 나타냄. 用于动词词干之后表示将来时态。如果主语是第一人称时，则表示说话者的意志，并且在一定情况下对听话者具有谦让之意。如果主语是第三人称时则表示对行为动作的推测。

> **보기** (例句) 자료를 찾다. → 자료를 찾<u>겠</u>다.
> → 자료를 찾<u>아야겠</u>어요.

1. 밥을 먹다. → ________________________________

2. 강의실에 가다. → ________________________________

3. 영화를 보다. → ________________________________

4. 공부를 하다. → ________________________________

5. 잠을 자다. → ________________________________

2. '**-(이)지요?**' : 선행요소가 명사일 경우 '-이지요', 용언일 경우 '-지요'를 씀. 내가 경험한 것 혹은 알고 있는 것을 상대방도 알고 있다고 가정하고 화자가 말하는 내용이 맞는 정보임을 확인하는 표현임. 짧게 줄여 '-죠'라고도 함. 准敬阶终结词尾。用于谓词词干后，根据词尾的升降调不同，可分为表示陈述式、疑问式、命令式和共动式，带有肯定、确认的语气。用于疑问句时，它表示说话者对所提问题已有所知，只是希望对方给肯定一下。相当于汉语的"吧"。

> **보기** (例句) 자료실에 있다. → 자료실에 있<u>지요</u>?

1. 향기가 있다. ________________________________

2. 수업이 없다. ________________________________

3. 음식이 맛있다. ________________________________

4. 저것은 동물이다. ________________________________

5. 이것은 사과이다. ________________________________

6월 3일까지 반납해야 해.
(6月3日截止需要还书)

（去图书馆5楼的宥真和在旭）

재욱 책 번호가 적힌 종이를 이리 줘 봐.
把写着书编号的纸给我一下。

유진 여기에 있어.
在这里。

재욱 (非常小声地说) 과제가 있어?
有作业吗？

유진 응. 조별로 발표를 해야 해.
恩，有小组发表。

재욱 언제까지야?
到什么时候？

유진 목요일까지야.
到星期四为止。

（找到存书位置的宥真和在旭）

재욱 여기 있네. 홍길동전.
在这里。洪吉童传。

유진 와! 고마워.
哇！谢谢。

（走向自动借书机的两人）

재욱 책을 올려 봐.
把书放上去。

유진 대출? 반납?
借书？还书？

재욱 대출. 이제 됐어. 오늘부터 6월 3일까지 보고 반납해야 해.
借书。现在可以了。今天开始到6月3日截止需要还书。

유진 재욱아, 고마워.
在旭啊，谢谢。

책 번호가 적힌 종이를 이리 줘 봐.
여기에 있어.
과제가 있어?
응. 조별로 발표를 해야 해.
언제까지야?
5월
목요일까지야.
여기 있네. 홍길동전.
와! 고마워.
무인 대출·반납
대출
반납
책을 올려 봐.
대출
반납
대출? 반납?
대출. 이제 됐어.
무인대출
오늘부터 6월 3일까지 보고 반납해야 해.
재욱아, 고마워.

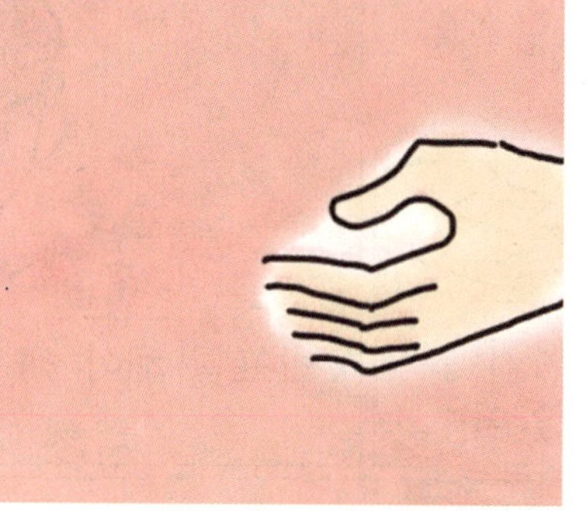

종이를 이리 주세요.
把纸给我一下。

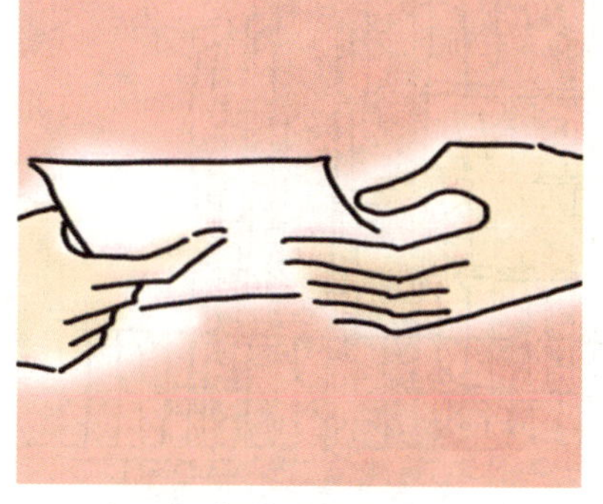

여기에 있어요.
在这里。

언제까지예요?
到什么时候？

목요일까지예요.
到星期四。

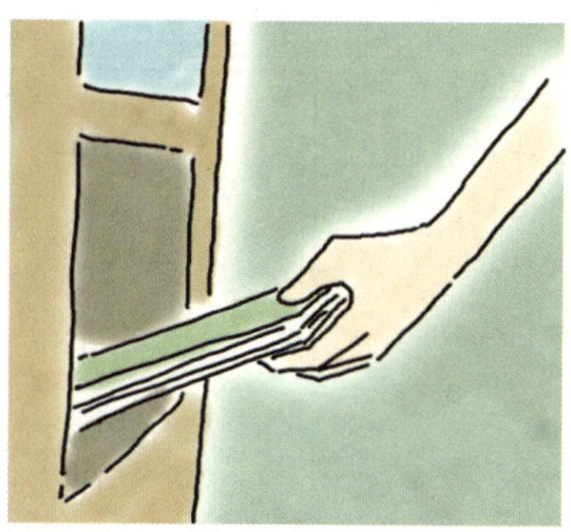

책을 올려 보세요.
把书放上去。

6월 3일까지 반납이에요.
到6月3日截止需要还书。

대출을 하러 왔어요.
来借书。

반납을 하러 왔어요.
来还书。

생각이 나세요?
想起来了吗?

설명을 해 드릴게요.
给您说明一下。

열쇠가 어디에 있나요?
钥匙在哪?

지하에 있습니다.
在地下。

1. '-(어/아) 봐요' : 어떤 행위를 한번 시도하거나 경험함을 나타냄. 尝试做某事，翻译成 "做做看"，主要与命令式终结词尾搭配使用，包含委婉劝说之意。

> **보기** (例句) 책을 올리다. → 책을 올려 <u>봐요</u>.

1. 음식을 먹다. → ____________________

2. 맥주를 마시다. → ____________________

3. 옷을 입다. → ____________________

4. 신발을 벗다. → ____________________

5. 말을 하다. → ____________________

2. '～부터 ～까지' : 어떤 일이나 상태의 시작하고 끝나는 시간을 나타냄. 助词，和表示时间或场所的名词一起使用，和表示时间的名词一起使用时，表示 "期间"，和表示范围的名词一起使用时，它意味着 "从....到...."。

> **보기** (例句) 오늘, 6월 3일, 보고 반납해야 해요. → 오늘<u>부터</u> 6월 3일<u>까지</u> 보고 반납해야 해요.

1. 열두 시, 한 시, 점심시간입니다. ____________________

2. 아침, 저녁, 컴퓨터를 합니다. ____________________

3. 오늘, 내일, 쉽니다. ____________________

4. 7월 25일, 8월 25일, 방학입니다. ____________________

5. 처음, 끝, 읽으세요 ____________________

무슨 영화를 볼까요?
(我们一起去看电影啊?)

(美英向刚上完课回来的宥真提议去看电影)

미영　유진아! 수업이 끝났어? 宥真啊! 上完课啦?

유진　응. 恩。

미영　우리 영화를 보러 갈래? 我们一起去看电影啊?

유진　좋아. 무슨 영화를 볼까? 好啊。看什么电影?

미영　미녀와 야수가 개봉했어. 美女与野兽上映了。

유진　와! 그래! 영화관까지 멀어? 哇! 好的! 电影院远吗?

미영　버스를 타고 가자. 坐公交车去吧。

(宥真和美英坐公交车来到电影院后去叫号排队)

미영　번호표를 뽑자. 叫个号码吧。

(美英叫的25号排到了。美英和宥真去窗口买票)

점원　25번 손님! 어서 오세요. 25号顾客! 欢迎光临。

유진　미녀와 야수, 어른 두 장 주세요. 请给我两张美女与野兽成人票。

점원　오후 6시 영화 맞으세요? 是下午6点的电影吗?

유진　네. 是的。

점원　여기가 스크린입니다. 좌석을 선택하세요. 这里是屏幕。请选一下座位。

유진　C열 45번, 46번 주세요. 请给我C排45号和46号。

점원　네. 미녀와 야수, 오후 6시 영화, 3번 상영관입니다. 好的。美女与野兽, 下午6点电影, 3号放映厅。

유진　감사합니다. 谢谢。

유진아! 수업이 끝났어?
응
우리 영화를 보러 갈래?
좋아. 무슨 영화를 볼까?
미녀와 야수가 개봉했어.
와! 그래! 영화관까지 멀어?
버스를 타고 가자.
번호표를 뽑자.
25번 손님! 어서 오세요.
오후 6시 영화 맞으세요?
미녀와 야수, 어른 두 장 주세요.
C열 45번, 46번 주세요.
여기가 스크린입니다. 좌석을 선택하세요.
네. 미녀와 야수, 오후 6시 영화, 3번 상영관입니다.
네.
감사합니다.

우리 영화를 보러 가요.
我们去看电影吧。

좋아요. 무슨 영화를 볼까요?
好的。看什么电影？

저는 무서운 영화를 좋아해요.
我喜欢恐怖片。

저는 공포영화를 싫어해요.
我不喜欢恐怖片。

여기가 스크린입니다. 좌석을 선택하세요.
这里是屏幕。请选座位。

C열 45번, 46번입니다.
是C排45号，46号。

팝콘을 살까요?
买点爆米花吗？

네, 오징어는 제가 살게요.
好的，我来买鱿鱼。

25번 손님! 어서 오세요.
25号顾客！欢迎光临。

미녀와 야수, 어른 두 장 주세요.
请给我美女与野兽成人票两张。

오후 5시 영화 맞아요?
是下午5点的电影吗？

아뇨, 오후 6시 영화를 볼 거예요.
不是，我要看下午6点的电影。

1. 무슨 : 의문을 나타내는 표현

什么～, 疑问代名词, 一般多数用在名词的前面。

> **보기**(例句)
> 가: <u>무슨 영화를 볼까요?</u> (영화, 보다)
> 나: 미녀와 야수를 봐요.

1. 가: _________________________? (일, 있다)
나: 아니요. 없는데요.

2. 가: _________________________? (걱정, 있다)
나: 네, 미영이가 많이 아파서 걱정이에요.

3. 가: _________________________? (음식, 좋아하다)
나: 저는 비빔밥을 좋아해요.

4. 가: 이번 학기에 _________________________? (수업, 듣다)
나: 아직 결정하지 못했어요.

5. 가: _________________________? (요일, 만나다)
나: 목요일에 만나요.

2. –(으)ㄹ래(요)? : 어떤 일에 대한 상대방의 의향을 물어볼 때 사용하는 표현

–(으)ㄹ래요 终结词尾，用于动词词干后，表示说话人的意向/意愿或询问对方的意见。

보기(例句)
가: 이번에 새로 나온 영화가 아주 재미있대요.
나: 그럼 일요일에 같이 <u>영화를 볼래요?</u> (영화, 보다)

1. 가: 아침을 못 먹어서 배가 고파요.

나: 같이 _______________________________________ ? (점심, 먹다)

2. 가: 어제 잠을 못 자서 너무 졸려요.

나: 같이 _______________________________________ ? (커피, 마시다)

3. 가: 비가 와요. 우산이 없는데 어떻게 하죠?

나: 같이 _______________________________________ ? (우산, 쓰다)

4. 가: 오늘 유진이 생일이에요.

나: 같이 _______________________________________ ? (생일파티, 가다)

5. 가: 바람이 많이 불어요.

나: _______________________________________ ? (창문, 닫아주다)

16과 우리 쇼핑하러 갈까요?
(我们去购物啊?)

(宥真打开窗看到下雨，和美英谈论起天气)

유진　비가 오네. 下雨了。

미영　바람도 세게 불어. 옷을 따뜻하게 입어. 风也大。多穿点衣服。

유진　적당한 옷이 없어. 새 옷을 사고 싶어. 没有合适的衣服。想买新衣服。

미영　우리 쇼핑하러 갈까? 我们去购物啊?

유진　좋아! 好啊!

(宥真和美英去百货商店购物)

미영　저 원피스 정말 예쁘다. 那个连衣裙真漂亮。

유진　한번 입어 봐. 穿一下看看。

(宥真和美英走进服装店)

점원　어서 오세요. 마음에 드는 옷을 입어 보세요. 欢迎光临。有喜欢的可以试穿一下。

미영　저 원피스 입어볼 수 있나요? 能试穿一下那个连衣裙吗?

점원　네. 치수가 어떻게 되세요? 可以。什么尺码?

미영　55사이즈예요. 尺码是55。

점원　탈의실이 저기에 있어요. 更衣室在那边。

미영　네. 好的。

(美英去更衣室换了衣服出来)

점원　딱 맞네요. 正好。

유진　미영아. 잘 어울려. 美英啊。很适合你。

비가 오네.

바람도 세게 불어. 옷을 따뜻하게 입어.

적당한 옷이 없어. 새 옷을 사고 싶어.
우리 쇼핑하러 갈까?
좋아!

저 원피스 정말 예쁘다.
한번 입어 봐.

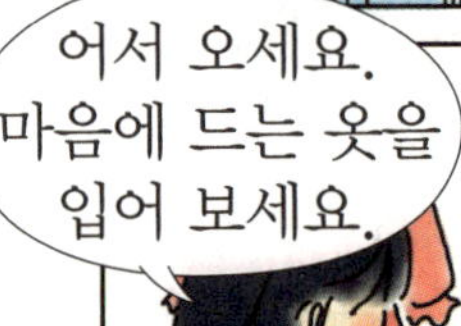

어서 오세요. 마음에 드는 옷을 입어 보세요.

저 원피스 입어볼 수 있나요?

네. 치수가 어떻게 되세요?
55사이즈예요.
탈의실이 저기에 있어요.

딱 맞네요.

미영아. 잘 어울려.

새 옷을 사고 싶어요.
想买新衣服。

우리 쇼핑하러 갈까요?
我们去购物啊?

저 원피스 정말 예뻐요.
那个连衣裙真的很漂亮。

한 번 입어 보세요.
穿一下试试看。

사이즈가 어떻게 되세요?
是什么尺寸?

55사이즈예요.
尺寸是55。

옷을 입어볼 수 있나요?
能试穿一下吗?

네, 탈의실이 저기에 있어요.
是，更衣室在那边。

원피스가 딱 맞네요.
连衣裙正好合适。

원피스가 잘 어울려요.
连衣裙很适合。

수영복 매장이 어디에 있나요?
泳装商店在哪里?

에스컬레이터 옆에 있어요.
在自动扶梯旁边。

1. −고 싶어(요) : 원하는 것이나 바라는 것을 나타낼 때 사용하는 표현

用在动词原形后，表示愿望、想法。陈述句中表示第一人称主语的愿望。相当于汉语的 "想..."。

보기(例句)

> 가: 봄옷이 없어(요).
> 나: 새 옷을 <u>사고 싶어(요)</u>. (사다)

---

1. 가: 방학에 고향에 가서 뭐 할 거야?

　　나: 부모님과 같이 ________________________ . (여행하다)

2. 가: 오늘 날씨 정말 덥다.

　　나: 맞아. ________________________ . (아이스크림, 먹다)

3. 가: 내일 강의 없는데 뭐 할 거야?

　　나: 피곤해서 그냥 ________________________ . (쉬다)

4. 가: 대학교 졸업하고 뭐 할 거야?

　　나: 한국 회사에 ________________________ . (취직하다)

5. 가: 10시와 11시에 출발하는 버스가 있습니다.

　　나: 11시에 출발하는 버스로 ________________________ . (예약하다)

2. **-아/-어 보다** : 어떤 행동을 시도하고자 할 때 사용하는 표현

接在动词词干后，表示尝试或者体验某一动作。相当于汉语的 "…看看"，"试试看"。

보기(例句)　가: 저 원피스 정말 예뻐요.
　　　　　　　나: 한번 **입어 봐(요)**. (입다)

1. 가: 이 떡볶이 안 매워요?

　　 나: 안 매워요. 한번 ______________________________. (먹다)

2. 가: 이 운동화 마음에 드는데 클 것 같아요.

　　 나: 괜찮아요. 한번 ______________________________. (신다)

3. 가: 피아노를 배우고 싶은데 너무 어려울 것 같아요.

　　 나: 안 어려워요. 한번 ______________________________. (배우다)

4. 가: 미영이가 왜 안 오지요?

　　 나: 곧 올 거예요. 조금만 ______________________________. (기다리다)

5. 가: 일이 많아서 혼자서 못 할 거 같아요.

　　 나: 학교 친구들에게 ______________________________. (부탁하다)

17과 한국 드라마 좋아해요?
(你喜欢韩国电视剧吗?)

(课间休息时美英在教室用手机看电视剧)

유진　무엇을 보고 있어? 在看什么?

미영　드라마를 보고 있어. 在看电视剧。

유진　제목이 뭐야? 题目是什么?

미영　응답하라 1994 请回答1994。

유진　재미있니? 有意思吗?

미영　응. 너도 한국 드라마 좋아하니? 恩，你也喜欢韩国电视剧吗?

유진　응. 한국 드라마가 좋아서 한국에 온 거야. 恩，我因为喜欢韩国电视剧才来了韩国。

미영　하하하 정말? 哈哈哈 真的吗?

(宥真看到SHINee的成员敏浩突然想起了秀贤前辈)

유진　수현 선배는 샤이니 민호를 닮았어. 秀贤前辈长得很像SHINee的成员敏浩。

미영　그래? K-POP도 좋아하니? 真的吗? 你也喜欢K-POP吗?

유진　응. 민호는 노래를 잘 불러. 恩，敏浩唱歌好听。

미영　춤도 잘 춰. 舞也跳得好。

유진　수현 선배는 배우 김수현과 이름이 같아. 秀贤前辈和演员金秀贤同名。

무엇을 보고 있어? 제목이 뭐야?
드라마를 보고 있어.

응답하라 1994

재미있니?

응. 너도 한국 드라마 좋아하니?
응. 한국 드라마가 좋아서 한국에 온 거야.

하하하 정말?

수현 선배는 샤이니 민호를 닮았어.

그래? K-POP도 좋아하니?
응. 민호는 노래를 잘 불러.
춤도 잘 춰.

수현 선배는 배우 김수현과 이름이 같아.

제목이 무엇입니까?
题目是什么?

응답하라 1994
请回答1994。

한국 드라마 좋아하세요?
你喜欢韩国电视剧吗?

네. 한국 드라마를 좋아해요.
是的，我喜欢韩国电视剧。

민호는 노래를 잘 불러요.
敏浩歌唱得好。

민호는 춤도 잘 춰요.
敏浩舞跳得也好。

유진은 엄마를 닮았어요.
宥真长得像妈妈。

재욱은 아빠를 닮았어요.
在旭长得像爸爸。

샤이니는 한국 가수예요.
SHINee是韩国歌手。

김수현은 한국 배우예요.
金秀贤是韩国演员。

한국 드라마가 재미있어요.
韩国电视剧有意思。

한국 가요가 좋아요.
韩国歌曲好听。

1. −고 있다 : 어떤 행동이 지속됨을 나타내는 표현

接在动词词干后，表示某一动作的持续进行或其结果的持续存在。相当于汉语的 "正在…"。
强调的是这个动作正在进行。

보기 (例句)

가: 지금 뭐 해?

나: 드라마를 <u>보고 있어</u>. (보다)

1. 가: 미영아, 지금 어디니?

나: 공부하러 도서관에 _______________________________. (가다)

2. 가: 오늘은 베이징 날씨가 어때요?

나: 아침부터 비가 _______________________________. (오다)

3. 가: 유진이는 일요일에 뭐 해요?

나: 유진이는 일요일마다 수영장에 _______________________. (다니다)

4. 가: 재욱아, 지금 뭐하고 있어?

나: 운동장에서 친구들과 _______________________. (축구하다)

5. 가: 강의실이 왜 이렇게 조용해요?

나: 지금 학생들이 _______________________. (시험을 보다)

2. −아/−어라 : 반말로 친한 사람이나 아랫사람에게 명령을 할 때 사용하는 표현. 하지만 '하−여라', '오−너라', '가−거라' 表示命令式，非敬语，译为"你做什么什么吧"，但是 '하−여라', '오−너라', '가−거라'，这三种形式除外，是例外形式。

보기(例句)

가: 밖에 눈이 많이 와. 옷을 따뜻하게 <u>입어라</u>. (입다)
나: 네. 따뜻하게 입었어요.

1. 가: 버스가 늦게 왔어. 조금만 기다려 줘.

　　나: 그래. 우리 모두 기다리고 있어. 빨리 ____________________. (오다)

2. 가: 숙제 때문에 너무 힘들어.

　　나: 힘들어도 열심히 ____________________. (하다)

3. 가: 엄마, 오늘 친구 생일파티가 있어요.

　　나: 알았어. 하지만 10시까지 꼭 ____________________. (들어오다)

4. 가: 엄마, 배 고파요. 빨리 밥 주세요.

　　나: 그래. 먼저 손부터 ____________________. (씻다)

5. 가: 할아버지, 학교 다녀오겠습니다.

　　나: 그래. 길 건널 때 자동차를 ____________________. (조심하다)

18과 문자를 보내도 답이 없어요.
(我发信息给他也没有回复)

(在旭和宥真在路上相遇)

재욱　유진아, 무슨 일이 있니? 宥真啊，有什么事情吗?

유진　(힘없이) 아무 일도 없어. (无力状) 什么事情都没有。

재욱　무슨 일인지 말해 봐. 내가 들어줄게. 什么事你说说看。我来倾听。

(宥真犹豫了一下，告诉了在旭她伤心的理由)

유진　사실은 수현 선배 때문에 속상해. 其实我因为秀贤前辈很伤心。

재욱　수현 선배? 秀贤前辈?

유진　수현 선배는 나를 싫어하나 봐. 秀贤前辈可能讨厌我吧。

재욱　너 수현 선배를 좋아하니? 你喜欢秀贤前辈?

유진　응. 그런데 문자를 보내도 답이 없어. 恩。但是我发信息给他也没有回复。

(在旭向宥真打听秀贤前辈)

재욱　수현 선배는 몇 살이야? 秀贤前辈几岁了?

유진　스물 세 살이야. 선배 때문에 힘들어. 二十三岁。因为前辈我很难过。

재욱　힘내! 유진아. 우리 커피 마시러 가자! 加油!宥真啊。我们去喝咖啡吧!

유진　좋아. 고마워, 재욱아. 好啊。谢谢啊，在旭。

유진아, 무슨 일이 있니?
아무 일도 없어.
수현 선배?
사실은 수현 선배 때문에 속상해.
무슨 일인지 말해 봐. 내가 들어줄게
수현 선배는 나를 싫어하나 봐.
너 수현 선배를 좋아하니?
응. 그런데 문자를 보내도 답이 없어.
수현 선배는 몇 살이야?
스물세 살이야. 선배 때문에 힘들어.
힘내! 유진아. 우리 커피 마시러 가자!
좋아. 고마워, 재욱아.

무슨 일이 있어요?
有什么事情吗?

아무 일도 없어요.
没什么事情。

무슨 일인지 말해 보세요.
说说是什么事。

사실은 수현 선배 때문에 힘들어요.
其实我因为秀贤前辈很辛苦。

우리 커피를 마시러 가요.
我们去喝咖啡吧。

네, 좋아요.
好的。

수현 선배를 좋아해요?
你喜欢秀贤前辈吗?

네, 그런데 문자를 보내도 답이 없어요.
是，但是我发信息给他也没有回复。

수현 선배 때문에 속상해요.
因为秀贤前辈我很伤心。

왜요?
为什么?

수현 선배는 몇 살이에요?
秀贤前辈多大了?

스물 세 살이에요.
23岁了。

1. **–(으)ㄹ게** : 미래 일에 대한 말하는 사람의 의지, 약속 등을 나타낼 때 사용하는 표현

表示说话的人表达自己的决心、意志、向对方做承诺和对方做某种约定的时候使用。相当于汉语的 "将……"。

보기 (例句)

가: 무슨 일인지 말해 봐. 내가 **들어줄게.** (들어주다)
나: 괜찮아, 고마워

1. 가: 미영아, 같이 청소하자.

나: 괜찮아. 내가 _______________________ . (청소하다)

2. 가: 오늘 저녁에 같이 콘서트 가자.

나: 그래. 내가 티켓을 _______________________ . (예매하다)

3. 가: 집에 설탕이 없네. 어떻게 하지?

나: 괜찮아. 내가 마트에 _______________________ . (다녀오다)

4. 가: 일요일에 도서관이 문을 열까?

나: 내가 전화로 _______________________ . (물어보다)

5. 가: 담배는 건강에 안 좋아.

나: 그래. 내일부터 담배를 _______________________ . (끊다)

2. **때문에** : 어떤 일의 이유나 원인을 설명할 때 사용하는 표현

接在体词(名、数、代)后面，表示前后的因果关系。如果想要和谓词(动、形)连接使用，就要在谓词后面加一个기，将该谓词转化为名词性成分。

보기(例句)
가: 무슨 일인지 말해 봐. 내가 들어줄게
나: 수현 선배 때문에 속상해. (수현 선배, 속상하다)

1. 가: 어디 아파?

나: 아니. ________________________ . (강아지, 잠을 못 자다)

2. 가: 요즘 많이 바빠요?

나: 네. 요즘 ________________________ . (회사 일, 휴일이 없다)

3. 가: 무슨 걱정이 있어요?

나: 네. 다음 주 ________________________ . (시험, 걱정이 많다)

4. 가: 이번 주말에 같이 영화 볼래요?

나: 미안해요. ________________________ . (다른 약속, 갈 수 없다)

5. 가: 조심하세요. ________________________ . (눈, 길이 미끄럽다)

나: 네. 조심할게요. 고마워요.

커피보다 주스가 더 좋아요.
(比起咖啡我更喜欢果汁)

학습목표 [学习目标]

• 음료 주문하기 [点饮料]　• 먹고 싶은 음료 말하기 [表达想喝的饮料]

대화 [对话]

(因为秀贤前辈很伤心的宥真和在旭一起去了咖啡厅)

재욱　이제 좀 괜찮아? 现在好点了吗?

유진　응. 기분이 좋아졌어. 恩。心情好些了。

재욱　다행이다. 음료부터 주문하자. 真是万幸。先点饮料吧。

유진　뭐 마실까? 喝点什么呢?

재욱　내가 살게. 我请客。

유진　고마워. 谢谢。

재욱　난 카페모카 마실게. 넌? 我喝摩卡。你呢?

유진　주스. 果汁。

재욱　커피 안 좋아해? 不喜欢咖啡吗?

유진　난 커피보다 주스가 좋아. 比起咖啡我更喜欢果汁。

(在旭走向店员去点饮料)

점원　주문하시겠어요? 要点餐吗?

재욱　주스 한 잔이랑 카페모카 한 잔 주세요. 给我一杯果汁和一杯摩卡。

점원　카페모카에 휘핑크림 올릴까요? 摩卡要加淡奶油吗?

재욱　아니요. 不用了。

점원　12,000원입니다. 멤버십카드 있으세요? 一共12000元。有会员卡吗?

재욱　여기요. 在这里。

(店员把振动铃和会员卡给了在旭)

점원　적립해 드렸습니다. 진동벨이 울리면 저쪽에서 음료 받아 가세요.
　　　给您积分了。振动铃响了请去那边拿饮料。

146

이제 좀 괜찮아?
응. 기분이 좋아졌어.
다행이다. 음료부터 주문하자.
뭐 마실까?
내가 살게. 난 카페모카 마실게. 넌?
고마워. 주스. 난 커피보다 주스가 좋아.
₩7,000
₩5,300
₩6,800
₩4,600
₩5,600
주문하시겠어요?
주스 한 잔이랑 카페모카 한 잔 주세요.
카페모카에 휘핑크림 올릴까요?
아니요.

12,000원입니다. 멤버십카드 있으세요?
여기요.
적립해 드렸습니다. 진동벨이 울리면 저쪽에서 음료 받아 가세요.

음료부터 주문합시다.
先点饮料吧。

무엇을 마시고 싶어요?
想喝什么?

커피 안 좋아하세요?
你不喜欢咖啡吗?

저는 커피보다 주스가 더 좋아요.
比起咖啡我更喜欢果汁。

주문하시겠어요?
要点餐吗?

주스 한 잔이랑 카페모카 한 잔 주세요.
请给我一杯果汁和一杯摩卡。

제가 살게요.
我来买。

고맙습니다.
谢谢。

기분이 좋아졌어요?
心情好了吗?

네, 이제 괜찮아요.
是的，现在没事了。

멤버십 카드 있으세요?
有会员卡吗?

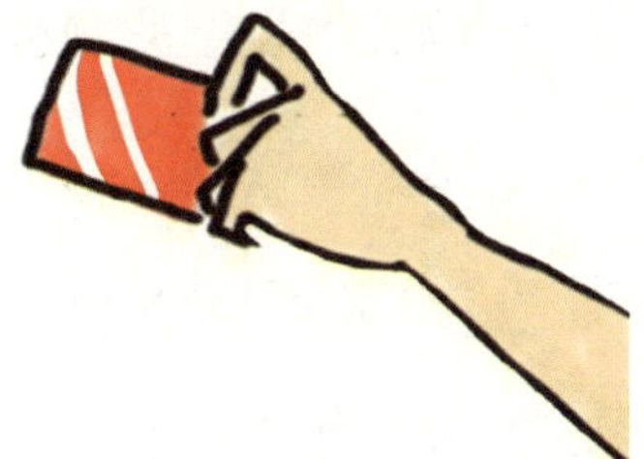

네, 여기 있어요.
是的，在这里。

1. −아/−어지다 : 상태의 변화를 나타낼 때 사용하는 표현

接在形容词或部分动词后面，使其具有自动词的性质，表示某种状态的形成。表示"变得……起来了"。

보기(例句)

가: 이제 좀 괜찮아?

나: 응. 이제 기분이 <u>좋아졌어</u>. (좋다)

---

1. 가: 요즘 날씨가 좋아.

나: 그래. 이제 봄이야. 날씨가 _______________________. (따뜻하다)

2. 가: 감기는 좀 어때?

나: 약도 먹고, 잠도 많이 잤어. 이제 _______________________. (괜찮다)

3. 가: 대학교 생활은 재미있어?

나: 응, 수업도 재미있고 새로운 친구들과 _______________________. (가깝다)

4. 가: 미영아, 무슨 고민 있어?

나: 응, 요즘 운동을 못 해서 건강이 _______________________. (나쁘다)

5. 가: 뭐 해? 청소하고 있어?

나: 응, 강아지 때문에 방이 _______________________. (더럽다)

2. 보다 : 명사 뒤에 붙여 비교의 대상을 나타낼 때 사용하는 표현

用于名词后，表示比较的对象。相当于汉语 "比" 的意思。

보기(例句)

가: 커피 안 좋아해?

나: <u>커피보다 주스가 좋아.</u>

1.

영희　　철수

가: 누가 키가 커요?

나: ________________________________

2.

일요일　　토요일

가: 일요일에 만날까요?

나: ________________________________

3.

영어　　수학

가: 어떤 수업이 재미있어요?

나: ________________________________

4.

비행기

기차

가: 무엇이 더 편해요?

나: ________________________________

5.

산

바다

가: 어디로 여행을 갈까요?

나: ________________________________

20과 무슨 운동을 좋아해요?
(你喜欢什么运动?)

학습목표 [学习目标]

- 좋아하는 운동 말하기 [表达喜欢的运动]
- 주말에 하는 일 말하기 [表达周末做的事情表达]

(震动铃响了，在旭去把饮料拿到宥真的座位上)

유진　　와~ 맛있겠다. 잘 먹을게. 哇~ 看起来很好喝。我会好好享用的。

재욱　　너의 웃는 모습을 보니까 좋아. 很开心看到你笑的样子。

유진　　커피가 정말 맛있어. 너하고 같이 마셔서 그런가 봐. 하하하.
　　　　咖啡真好喝。可能是因为和你一起喝吧。哈哈哈

재욱　　(어색하게 웃으며) 하하. (尴尬地笑)哈哈哈

유진　　주말에는 뭐 하니? 周末做什么?

재욱　　수영하러 가. 去游泳。

유진　　수영할 수 있어? 你会游泳吗?

재욱　　응. 수영을 한 지 3년 됐어. 恩。游了3年了。

유진　　와~ 멋있다. 哇~好帅啊。

(在旭因为宥真的称赞心情很好)

재욱　　너는 무슨 운동을 좋아하니? 你喜欢什么运动?

유진　　난 배드민턴을 좋아해. 我喜欢羽毛球。

재욱　　다음에 우리 같이 배드민턴 치자! 下次我们一起打羽毛球吧!

와~ 맛있겠다. 잘 먹을게.

너의 웃는 모습을 보니까 좋아.

커피가 정말 맛있어. 너하고 같이 마셔서 그런가 봐. 하하하.

하하.

주말에는 뭐 하니?

수영하러 가. 응. 수영을 한 지 3년 됐어.

수영할 수 있어? 와~ 멋있다.

너는 무슨 운동을 좋아하니?
다음에 우리 같이 배드민턴 치자!

난 배드민턴을 좋아해.

커피가 정말 맛있어요.
咖啡真好喝。

주스가 정말 맛있어요.
果汁真好喝。

주말에는 무엇을 하나요?
周末做什么？

수영하러 가요.
去游泳。

수영할 수 있어요?
你会游泳吗？

네, 수영하는 것을 좋아해요.
是的，我喜欢游泳。

당신은 무슨 운동을 좋아해요?
你喜欢什么运动?

저는 배드민턴을 좋아해요.
我喜欢羽毛球。

당신은 무슨 색깔을 좋아해요?
你喜欢什么颜色?

저는 빨간색을 좋아해요.
我喜欢红色。

당신은 무슨 음식을 좋아해요?
你喜欢什么食物?

저는 불고기를 좋아해요.
我喜欢烤肉。

1. **하고** : 명사와 명사 사이에서 동반 또는 나열을 나타낼 때 사용하는 표현
连接名词，表示 "和" 的意思。

보기(例句)

가: 커피가 정말 맛있어.
나: <u>너하고</u> 같이 마셔서 그런가 봐.

1. 가: 누구와 여행을 다녀왔어요?

나: ＿＿＿＿＿＿＿＿＿＿＿＿＿＿＿＿＿＿ 여행을 다녀왔어요. (친구)

2. 가: 뭘 주문할까요?

나: ＿＿＿＿＿＿＿＿＿＿＿＿＿＿＿＿＿＿ 먹고 싶어요. (김밥, 떡볶이)

3. 가: 시장에서 무엇을 샀어요?

나: ＿＿＿＿＿＿＿＿＿＿＿＿＿＿＿＿＿＿ 샀어요. (야채, 고기)

4. 가: 누구와 공부를 했어요?

나: ＿＿＿＿＿＿＿＿＿＿＿＿＿＿＿＿＿＿ 공부를 했어요. (미영)

5. 가: 어떤 운동을 좋아해요?

나: ＿＿＿＿＿＿＿＿＿＿＿＿＿＿＿＿＿＿ 좋아해요. (축구, 농구)

2. –(으)ㄴ 지 (–되다) : 과거의 어떤 일을 하고 난 후 경과된 시간을 나타낼 때 사용하는 표현

过去做了某件事，现在依然在做，表示这期间经过的时间。

보기 (例句)
가: 수영할 수 있어?
나: 응. <u>수영을 한 지 3년 됐어.</u> (수영을 하다, 3년)

1. 가: 한국어를 할 수 있어요?

나: 잘 못해요. ____________________________ .(한국어를 배우다, 6개월)

2. 가: 부모님이 보고 싶어요.

나: 저는 할머니가 보고 싶어요. ____________________ .(할머니를 만나다, 2년)

3. 가: 서울에서 오래 살았어요?

나: 네. ____________________________ .(서울에서 살다, 10년)

4. 가: 저는 고양이보다 강아지가 좋아요.

나: 저도 강아지가 좋아요. ____________________ .(강아지를 키우다, 5년)

5. 가: 배가 고파요?

나: 네. ____________________________ .(밥을 먹다, 3시간)

21과 나한테 연락하지 마세요.
(你别联系我了)

- 외모에 대하여 말하기 [描述外貌]　• 감정 말하기 [表达感情]

(心情变好的宥真向在旭提起秀贤前辈)

유진　재욱아! 수현 선배는 왜 내가 싫을까? 在旭啊! 秀贤前辈为什么不喜欢我啊?

재욱　모르겠어. 不知道。

유진　내 외모가 마음에 들지 않나? 是不满意我的外貌吗?

(在旭开玩笑地对宥真说)

재욱　그런가 봐. 수현 선배는 전지현처럼 키가 큰 여자를 좋아해.

可能是。秀贤前辈喜欢全智贤那样的高个子女生。

유진　(큰소리로) 뭐라고? (大声说道)你说什么?

재욱　하하하 哈哈哈

유진　(화를 내며) 그럼 내 키가 작다는 말이야? (生气状) 那你是说我个子矮吗?

재욱　(당황해하며) 아니, 난 그런 뜻이 아니라⋯⋯. (慌张状) 不是，我不是那个意思。

(宥真向在旭大声发火)

유진　너 앞으로 나한테 연락하지 마. 你以后别联系我了。

(在旭很慌张地向宥真道歉)

재욱　유진아! 미안해. 宥真啊! 对不起。

유진　너랑 다시는 만나기 싫어. 我不想再见你了。

재욱　응? 미안해. 농담이야. 恩? 对不起，我开玩笑的。

재욱아! 수현 선배는 왜 내가 싫을까?

모르겠어.

내 외모가 마음에 들지 않나?

그런가 봐. 수현 선배는 전지현처럼 키가 큰 여자를 좋아해.
뭐라고?

하하하

그럼 내 키가 작다는 말이야?

아니, 난 그런 뜻이 아니라…….

너 앞으로 나한테 연락하지 마.
너랑 다시는 만나기 싫어.

유진아! 미안해.
응? 미안해. 농담이야.

수현선배는 왜 내가 싫을까요?
秀贤前辈为什么不喜欢我啊?

모르겠어요.
不知道

내 키가 작아요?
我个子矮吗?

그런 뜻이 아닙니다.
不是那个意思。

나한테 연락하지 마세요.
别联系我了。

미안합니다. 농담이에요.
对不起。是个玩笑。

얼음이 차가워요.
冰块很凉。

커피가 뜨거워요.
咖啡很热。

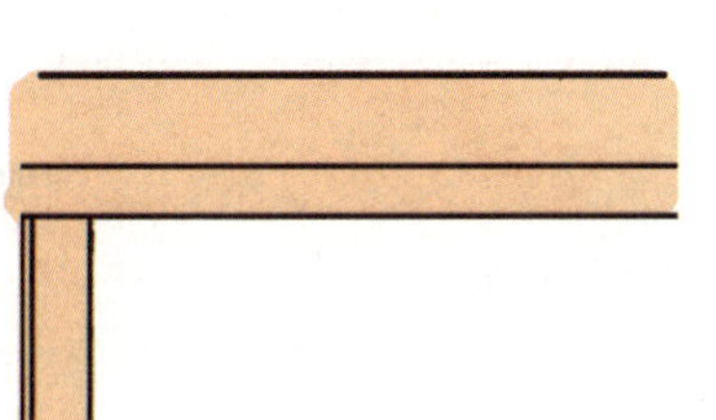

테이블이 깨끗해요.
桌子很干净。

테이블이 더러워요.
桌子很脏。

점원이 친절해요.
店员很亲切。

점원이 불친절해요.
店员不亲切。

1. **처럼** : 모양이나 동작, 상태가 비슷함을 나타낼 때 사용하는 표현

接在名词后，表述某种模样或行动和前面的名词相同或具有相似之处。相当于汉语的"像"、"如同"。

보기 (例句)   선생님이 호랑이처럼 무섭다.

1. _______________________ 빨갛다.

2. _______________________ 예쁘다.

3. _______________________ 달다.

4. _______________________ 뚱뚱하다.

5. _______________________ 흐른다.

2. **–기 싫다** : 마음에 들지 않거나 하고 싶지 않음을 나타내는 표현

跟在动词后面，表示不如意或不称心，相当于汉语的 "不想…"。

보기(例句)

> 가: 유진아! 미안해.
> 나: 너랑 다시는 <u>만나기 싫어</u>. (만나다)

---

1. 가: 일요일에도 출근해요?

　　나: 네. 일이 정말 많아요. 저도 ＿＿＿＿＿＿＿＿＿＿＿＿＿. (출근하다)

2. 가: 카페에서 같이 공부할래요?

　　나: 저는 도서관이 좋아요. 카페에서 ＿＿＿＿＿＿＿＿＿＿＿. (공부하다)

3. 가: 저 놀이기구 탈래요?

　　나: 아니요. 너무 무서워서 ＿＿＿＿＿＿＿＿＿＿＿. (타다)

4. 가: K–POP 콘서트 같이 갈래요?

　　나: 아니요. 사람이 너무 많아서 ＿＿＿＿＿＿＿＿＿＿＿. (가다)

5. 가: 학교까지 걸어갈까요?

　　나: 아니요. 택시를 타요. 날씨가 추워서 ＿＿＿＿＿＿＿＿＿. (걷다)

무척 피곤해 보여요.
(你看起来很疲惫)

（美英叫醒在宿舍睡觉的宥真）

미영　유진아! 일어나!
宥真啊! 起床啦!

유진　몇 시야?
几点啦?

미영　8시야. 1교시에 수업이 없어?
8点了。你第一节没课吗?

유진　1교시에 수업이 있어.
第一节有课。

미영　빨리 씻고 나와. 늦겠어.
快洗洗出来。要迟到了。

유진　뛰어가면 돼. 미영아! 내 옷 좀 꺼내 줄래?
跑着去就行。美英啊! 能帮我拿一下衣服吗?

미영　응. 치마를 입을 거야?
恩。你要穿裙子吗?

유진　아니. 나는 치마보다 바지가 편해.
不。我觉得裤子比裙子方便。

미영　바지를 꺼내 줄게.
我给你拿裤子。

유진　고마워. 미영아.
谢谢，美英啊。

미영　너 무척 피곤해 보여.
你看起来很疲惫。

유진　새벽에 잠이 들었거든.
凌晨才睡着。

유진아! 일어나!
몇 시야?

8시야. 1교시에 수업이 없어?
하암
1교시에 수업이 있어.

빨리 씻고 나와. 늦겠어.

뛰어가면 돼. 미영아! 내 옷 좀 꺼내 줄래?

응. 치마를 입을 거야?
아니. 나는 치마보다 바지가 편해.
바지를 꺼내 줄게. 고마워. 미영아.

너 무척 피곤해 보여.
새벽에 잠이 들었거든.

빨리 씻고 나오세요. 늦겠어요.
快洗洗出来。要迟到了。

뛰어가면 돼요.
跑着去就行。

수건으로 닦아요.
用毛巾擦。

비누로 씻어요.
用香皂洗。

이불을 덮어요.
盖被子。

조끼를 입어요.
穿马甲。

무엇을 입을까요?
穿什么呢?

원피스를 입으세요.
请穿连衣裙。

나는 치마보다 바지가 더 편해요.
我觉得裤子比裙子舒服。

바지를 꺼내줄게요.
我给你拿裤子。

무척 피곤해 보여요.
看起来很疲惫。

새벽에 잠이 들었어요.
凌晨才睡着。

구문연습 [语法 练习]

1. **–아/어 보이다** : 어떤 대상에 대한 생각이나 느낌을 나타낼 때 사용하는 표현

用在谓词（形容词、动词）后，表示对看到的某一事物的感觉或想法，相当于汉语的"看起来…"、"看上去…"、"显得…"。

보기 (例句)

가: 무슨 일 있어?

나: 너 무척 **피곤해 보여.** (피곤하다)

1. 가: 몇 살이에요? 나이가 _______________. (어리다)

나: 올해 24살입니다.

2. 가: 이 사진은 어디에서 찍은 거예요? 정말 _______________. (행복하다)

나: 네. 가족들과 하와이에서 찍은 사진이에요.

3. 가: 이 도시락 누가 만든 거예요? _______________. (맛있다)

나: 어머니가 만들어 준 도시락이에요.

4. 가: 이 가방 어때요? 지난주에 인터넷쇼핑에서 산 거예요.

나: 그래요. 아주 _______________. (비싸다)

5. 가: 어제 만난 사람은 어땠어요?

나: 착하고 _______________. (친절하다)

2. **-거든요** : 앞에서 말한 내용이나 상대방의 질문에 대한 이유나 의견을 나타낼 때 사용하는 표현

用于谓词（形容词、动词）原型后，说话者在回答提问时或对前面的内容陈述理由、说明事实时使用的一种
的表达方式。也可以用于过去形态后面。

보기(例句)

가: 무척 피곤해 보여요.

나: 새벽에 잠이 <u>들었거든요</u>. (들다)

1. 가: 라면 먹을래요?

나: 네. 맵지 않게 해 주세요. 매운 음식은 못 _________________. (먹다)

2. 가: 내일 같이 등산할래요?

나: 다음 주에 가요. 내일은 비가 _________________. (오다)

3. 가: 모두 퇴근합시다.

나: 먼저 가세요. 저는 일이 _________________. (남다)

4. 가: 어제 모임에 왜 안 왔어요.

나: 미안해요. 많이 _________________. (아프다)

5. 가: 어떤 수박이 맛있어요?

나: 이 수박이 어때요? 색깔이 선명한 것이 _________________. (맛있다)

23과 나 혼자 할 수 있어요.
(我自己可以的)

(凌晨才睡的宥真向美英说明晚睡的原因)

유진　(하품을 하며) 아함~ 어제 늦게까지 공부했더니 너무 피곤해.

(打着哈欠) 昨天学习到很晚太疲惫了。

미영　시험이 있니?

你有考试吗?

유진　응. 1교시에 국어학개론 시험이 있어. 문법이 너무 어려워.

恩。第一节有国语学概论的考试。语法太难了。

미영　재욱이에게 도와달라고 해.

你可以让在旭帮你啊。

유진　재욱이?

在旭?

미영　재욱이는 너의 슈퍼맨이잖아.

在旭不是你的超人嘛。

(宥真想起在咖啡厅发生的事情，认为不会再联系在旭了)

유진　아니야. 나 혼자 할 수 있어.

没关系，我自己可以的。

미영　너희 싸웠니?

你们吵架了?

유진　아니야.

没事。

미영　그래? 알았어. 나 먼저 학교에 갈게.

真的吗? 知道了。我先去学校了。

(宥真很对几天没联系的在旭很好奇，又不能主动联系他)

유진　(혼잣말로) 내가 먼저 전화해 볼까?

(自言自语) 我先打个电话看看?

하—암
아함~
어제 늦게까지 공부했더니
너무 피곤해.
시험이
있니?
응. 1교시에
국어학개론 시험이
있어. 문법이
너무 어려워.
재욱이에게
도와달라고 해.
재욱이는 너의
슈퍼맨이잖아.
재욱이?
너희
싸웠니?
아니야.
그래? 알았어.
먼저 학교에 갈게.
아니야.
나 혼자
할 수 있어.
(혼잣말로) 내가
먼저 전화해 볼까?
재욱이
010 - xxx

시험이 있어요?
有考试吗?

네, 1교시에 국어학개론 시험이 있어요.
是的，第一节有国语学概论的考试。

문법이 너무 어려워요.
语法太难了

재욱이에게 도와달라고 하세요.
请向在旭求助。

재욱이는 당신의 슈퍼맨이잖아요.
在旭不是你的超人嘛

아니에요. 나 혼자 할 수 있어요.
没关系，我自己可以做的。

비가 와요.
下雨。

우산을 써요.
打雨伞。

부모님께 전화를 드려요.
给父母打电话。

할머니를 도와드려요.
帮助奶奶。

어깨가 아파요.
肩膀痛。

다리가 아파요.
腿痛。

1. **–더니** : 과거의 사실이나 경험, 상황 등이 뒤에 나오는 문장의 원인이나 이유가 됨을 나타내는 표현
表示回想过去某一时候发生或进行的事实，这一事实又是后面事实的原因、理由、根据。

> **보기** (例句)
>
> 가: 어제 늦게까지 영화를 <u>봤더니 너무 피곤해</u>. (보다, 너무 피곤하다)
> 나: 커피를 마실래?

1. 가: 무슨 일 있어? 다리 다쳤어?

　　나: 아니야. 어제 오랜만에 많이 ＿＿＿＿＿＿＿＿＿＿＿. (걷다, 다리가 아프다)

2. 가: 미영이가 이번 시험에서 1등을 했어.

　　나: 매일 열심히 ＿＿＿＿＿＿＿＿＿＿＿＿＿. (공부하다, 1등을 하다)

3. 가: 배가 너무 아파.

　　나: 아이스크림을 많이 ＿＿＿＿＿＿＿＿＿＿＿. (먹다, 배탈이 나다)

4. 가: 빨리 아침밥 주세요. 시간이 없어요.

　　나: 늦잠을 ＿＿＿＿＿＿＿＿＿＿＿＿＿＿. (자다, 늦다)

5. 가: 오늘 날씨 정말 좋아.

　　나: 그래 어제 ＿＿＿＿＿＿＿＿＿＿＿＿. (비가 오다, 공기가 맑다)

2. 의 : 명사 뒤에 붙어 대상에 대한 소유를 나타낼 때 사용하는 표현
属格助词, 相当于汉语中的 "的"。

유행하는 머리로 해 주세요.
(请给我做个流行的发型)

(美英告诉宥真MT的消息)

미영　유진아! 25일에 국어교육과 엠티가 있어.
宥真啊! 25号有国语教育系的 MT。

유진　우리 엠티를 가서 사진 많이 찍자! 남는 건 사진밖에 없어.
我们去MT多拍点照片吧! 能留住的只有照片了。

미영　날씨가 맑으면 얼마나 좋을까? 如果天气晴该多好

유진　비가 와도 괜찮아. 下雨也没关系。

미영　안 돼. 난 우산 쓰기 싫단 말이야. 不行, 我不喜欢打雨伞。

유진　난 미용실에 다녀와야겠어. 我得去一趟发廊。

미영　예쁘게 하려고? 하하하. 想弄得漂亮点? 哈哈哈

(宥真去发廊和理发师谈论发型)

미용사　머리 어떻게 해 드릴까요? 帮您做什么发型?

유진　요즘 유행하는 머리로 해 주세요. 请给我做最近流行的发型。

미용사　앞머리를 자를까요? 剪刘海吗?

유진　네. 약간만 잘라 주세요. 恩, 稍微剪剪吧。

미용사　웨이브는 어느 정도 해 드릴까요? 波浪给您弄什么样的?

유진　굵은 웨이브로 해 주세요. 帮我做大卷。

우리 엠티를 가서 사진 많이 찍자! 남는 건 사진밖에 없어.
유진아! 25일에 국어교육과 엠티가 있어.
날씨가 맑으면 얼마나 좋을까?

비가 와도 괜찮아.

안 돼. 난 우산 쓰기 싫단 말이야.

난 미용실에 다녀와야겠어.
예쁘게 하려고? 하하하.

머리 어떻게 해 드릴까요?
요즘 유행하는 머리로 해 주세요.

앞머리를 자를까요?
네. 약간만 잘라 주세요.

웨이브는 어느 정도 해 드릴까요?

굵은 웨이브로 해 주세요.

날씨가 맑으면 좋겠어요.
如果天气晴朗就好了。

비가 와도 괜찮아요.
下雨也没关系。

머리를 어떻게 해드릴까요?
帮您做什么发型?

요즘 유행하는 머리로 해주세요.
请给我做最近流行的发型。

25일에 국어교육과 엠티가 있어요.
25号有国语教育系的 MT。

우리 엠티에 가서 사진 많이 찍어요.
我们去MT多拍点照片吧。

미용실에 다녀와야 겠어요.
我得去一趟发廊。

예쁘게 하려고요?
想弄得漂亮点?

웨이브는 어느 정도 해 드릴까요?
波浪给您弄什么样的?

굵은 웨이브로 해주세요.
帮我做大卷。

앞머리를 자를까요?
剪刘海吗?

네, 약간만 잘라주세요.
恩，稍微剪剪吧。

1. **밖에** : 어떤 대상의 범위, 수량 등을 한정할 때 사용하며 부정을 나타내는 표현과 함께 쓴다.
表示范围限制。助词，相当于汉语的 "除⋯之外"。

> **보기**(例句)　가: 우리 엠티를 가서 사진 많이 찍자!
> 　　　　　　나: 그래, 남는 건 <u>사진밖에 없어</u>. (사진)

1. 가: 미영이의 남자친구 재욱이 알아요?

　　나: 저도 ________________________________ 몰라요. (이름)

2. 가: 학교가 집에서 멀어요?

　　나: 아니요. ________________________________ 안 걸려요. (10분)

3. 가: 시험공부 많이 했어요?

　　나: 아니요. ________________________________ 못 했어요. (조금)

4. 가: 학생들 많이 왔어요?

　　나: 아니요. ________________________________ 안 왔어요. (5명)

5. 가: 많이 피곤해 보여요.

　　나: 네. 어제 ________________________________ 못 잤어요. (1시간)

2. 만 : 어떤 대상의 범위, 수량 등을 한정할 때나 강조의 의미로 사용한다.

表示限制, 相当于汉语的 "只" "光" "仅"。

보기(例句)

가: 앞머리를 자를까요?

나: 네. <u>약간만 잘라 주세요.</u> (약간, 잘라 주다)

1. 가: 같이 식사하러 가요. 금방 끝나요?

나: 네. _________________________ . (조금, 기다리다)

2. 가: 미영이 왜 안 왔어요?

나: 미영이는 수업이 있어요. 그래서 _________________________ . (나, 오다)

3. 가: 주말에 뭐 했어요?

나: 주말에 _________________________ . (잠, 자다)

4. 가: 왜 그래요? 무슨 일 있어요?

나: 지갑을 놓고 왔어요. _________________________ . (만 원, 빌려 주다)

5. 가: 왜 이렇게 힘이 없어요?

나: 너무 배가 고파요. 하루 종일 _________________________ . (물, 마시다)

25과 재욱이가 아프다고요?
(在旭生病了?)

(去国语教育系MT登山回来的美英和宥真)

미영 아이고, 너무 힘들어.
哎呦，太累了。

유진 나도. 주말에 무슨 고생이야.
我也是。大周末的这是受什么罪啊。

미영 저녁 먹은 후에 선후배 만남의 시간이 있대.
据说吃了晚饭有前后辈会面的时间。

유진 그래? 真的吗?

미영 (유진의 표정을 살피며) 수현 선배도 올까?
(观察宥真的表情) 秀贤前辈也会来吗?

유진 (미영의 질문에는 관심도 없는 듯이) 아마도. 그런데 재욱이 봤니?
(对美英的问题看似毫不关心) 可能吧。但是你看到在旭了吗?
재욱이가 아까부터 보이지 않아.
从刚刚就没看到在旭。

미영 몰랐니? 재욱이는 아파서 엠티에 못 왔어.
你不知道吗? 在旭生病了没来MT。

유진 (깜짝 놀라며) 재욱이가 아프다고? 어디가 아파?
(吃惊状) 在旭生病了? 哪里不舒服?

미영 나도 잘 몰라. 我也不太清楚。

(宥真担心在旭，所以给他打电话)

유진 여보세요! 재욱이니? 괜찮아? 喂! 是在旭吗? 你还好吗?

재욱 (아픈 목소리로) 유진아, 나 괜찮아.
(用生病的声音说道) 宥真啊，我没事。

유진 많이 아프니? 어디가 아픈 거야? 严重吗? 哪里不舒服?

재욱 (아픈 목소리로) 지금 너 나를 걱정하는 거니?
(用生病的声音说道) 你现在是在担心我吗?

아이고, 너무 힘들어.
나도. 주말에 무슨 고생이야.
저녁 먹은 후에 선후배 만남의 시간이 있대.
그래?
아마도. 그런데 재욱이 봤니? 재욱이가 아까부터 보이지 않아.
수현 선배도 올까?
두리번
두리번
몰랐니? 재욱이는 아파서 엠티에 못 왔어.
재욱이가 아프다고? 어디가 아파?
나도 잘 몰라.
여보세요! 재욱이니? 괜찮아?
유진아, 나 괜찮아.
많이 아프니? 어디가 아픈 거야?
지금 너 나를 걱정하는 거니?

아이고, 너무 힘들어요.
哎呦，太累了。

저도 힘들어요.
我也累。

재욱이 봤어요?
你看到在旭了吗？

재욱이는 아파서 엠티에 못 왔어요.
在旭生病了没来MT。

많이 아파요? 어디가 아픈 거예요?
严重吗？哪里不舒服？

저를 걱정하는 건가요?
你在担心我吗？

재욱이가 아프다고요? 어디가 아파요?
在旭生病了?哪里不舒服?

저도 잘 몰라요.
我也不太清楚。

여보세요. 괜찮아요?
喂! 你还好吗?

네, 저는 괜찮아요.
是，我还好。

많이 아파요?
严重吗?

괜찮아요. 걱정하지 마세요.
没事。你别担心。

1. −(으)ㄴ 후에 : 앞의 행동을 마치고 뒤의 행동을 이어서 할 때 사용하는 표현

用于动词词干后，表示前一个动作完成之后的后一个动作的开始，相当于 "……后……"，
"……之后……"。

2. –지 않다 : 앞의 내용을 부정할 때 사용하는 표현

表示主观否定，自身原因导致不做时使用。

보기(例句)

가: 재욱이 봤니?

나: 재욱이가 아까부터 <u>보이지 않아.</u> (보이다)

1. 가: 내일 같이 서점에 갈까요?

나: 내일은 일요일이에요. 일요일에 서점은 문을 _________________________. (열다)

2. 가: 커피 좋아해요?

나: 네. 하지만 건강 때문에 많이 _________________________. (마시다)

3. 가: 왜 전화를 안 받아요?

나: 제가 모르는 전화번호예요. 모르는 전화번호는 _________________. (받다)

4. 가: 오늘 왜 학교에 안 갔어요?

나: 오늘은 개교기념일이에요. 그래서 학교에 _________________. (가다)

5. 가: 오늘 버스를 타고 왔어요?

나: 네. 눈이 올 때는 _________________________. (운전하다)

26과 통장을 개설하러 왔어요.
(我来重新办存折)

(宥真去银行开设存折帐户)

직원 어서 오세요. 어떻게 오셨어요?
欢迎光临。请问有什么需要帮助?

유진 통장을 잃어 버렸어요. 다시 만들고 싶어요.
我的存折丢了。想重新办一个。

직원 번호표를 뽑고 기다려 주세요.
请叫号后稍等一下。

(美英一看到屏幕上显示她的号码，就去了窗口办理业务)

유진 통장을 만들고 싶어요.
我想重新办存折。

직원 신분증이랑 도장 가지고 오셨나요?
您带身份证和印章来了吗?

유진 도장을 안 가지고 왔어요.
我没带印章。

직원 서명도 괜찮습니다. 직불카드나 체크카드를 만들어 드릴까요?
也可以签名。需要给您办理直付卡还是登记卡?

유진 네. 체크카드를 만들어 주세요.
好的，请帮我办理登记卡。

그리고 모바일 뱅킹도 신청해 주세요.
还有请帮我申请网银。

직원 네. 잠시만 기다려 주세요.
好的，请稍等。

어서 오세요.
어떻게 오셨어요?
통장을 잃어 버렸어요.
다시 만들고 싶어요.

번호표를 뽑고
기다려 주세요.

통장을 만들고
싶어요.
신분증이랑 도장
가지고 오셨나요?
도장을
안 가지고 왔어요.

서명도 괜찮습니다.
직불카드나 체크카드를
만들어 드릴까요?

네. 체크카드를
만들어 주세요.
그리고 모바일 뱅킹도
신청해 주세요.

네.
잠시만 기다려 주세요.

비밀번호를 눌러주세요.
请输入密码。

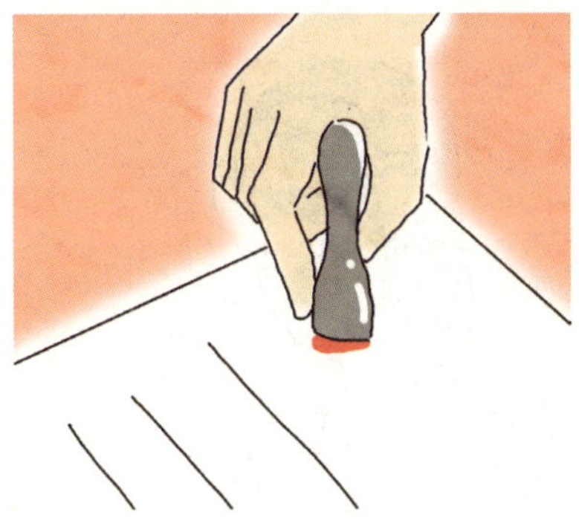

도장을 찍어요.
盖章。

이름을 적어주세요.
请写名字。

번호표를 뽑아요.
请叫号。

동전이 많아요.
有很多硬币。

지폐가 많아요.
有很多纸币。

통장을 개설하러 왔어요.
我来开设存折帐户。

번호표를 뽑고 기다려 주세요.
请叫号后稍等一下。

신분증하고 도장을 가지고 오셨나요?
您带身份证和印章来了吗?

도장은 안가지고 왔어요.
我没带印章。

입출금 카드도 만들어 드릴까요?
需要给您办存取款的卡吗?

네. 모바일 뱅킹도 신청해주세요.
是的，也请帮我申请网银。

1. (이)나 : 둘 이상의 대상을 나열할 때 사용하는 표현으로 나열된 대상 중에 하나를 선택함을 의미함.
做添意助词，用于体词之后，表示选择，强调或者条件。

보기(例句)

가: 서명도 괜찮습니다. 직불카드<u>나</u> 체크카드를 만들어 드릴까요?
나: 네. 체크카드를 만들어 주세요.

1. 가: 서울에 갈 때 무엇을 타요?

나: _________________________________. (비행기, 기차)

2. 가: 어떤 운동을 배우고 싶어요?

나: _________________________________. (테니스, 수영)

3. 가: 언제 등산을 갈까요?

나: _________________________________. (토요일, 일요일)

4. 가: 주말에 주로 무엇을 하세요?

나: _________________________________. (운동, 청소)

5. 가: 할아버지, 할머니는 언제 오세요?

나: _________________________________. (오늘 밤, 내일 아침)

2. **–아/–어 버리다** : 어떤 일이 완전히 끝남을 나타낼 때 사용하는 표현

表示"经过了许多过程, 动作最终得以完成"。

> **보기**(例句)
>
> 가: 어서 오세요. 어떻게 오셨어요?
>
> 나: 통장을 <u>잃어 버렸어요</u>. 다시 만들고 싶어요.

1. 가: 왜 이렇게 늦었어요?

나: 미안해요. 버스를 _________________________. (놓치다)

2. 가: 어떻게 하죠? 음식이 모두 _________________________. (타다)

나: 걱정하지 마세요. 같이 만들어요. 도와줄게요.

3. 가: 내일 수업 과제 다 했어요?

나: 아니요. 너무 피곤해서 _________________________. (잠들다)

4. 가: 미영이와 싸웠어요?

나: 네. 제가 미영이의 비밀을 _________________________. (말하다)

5. 가: 왜 울어요?

나: 새로 산 옷이 _________________________. (찢어지다)

27과 인터넷 쇼핑몰에 입금했어요?
(你网购的东西汇款了吗?)

학습목표 [学习目标]

- 인터넷 쇼핑몰에서 물건 구매하기 [学会网购]
- 예쁜 옷 추천하기 [推荐漂亮的衣服]

（宥真和美英在研究网购）

미영 유진아! 너 입금했니?
宥真啊！你汇款了吗？

유진 인터넷 쇼핑몰에서 산 거 말이니?
你是问网购的东西吗？

미영 응. 모자랑 가방.
恩。帽子和包。

유진 어제 집에 가다가 은행에서 무통장 입금했어.
昨天回家的路上去银行汇款了。

미영 이 바지는 볼수록 예쁜데 너무 비싸.
这个裤子越看越好看，但太贵了。

유진 미영아! 이것 봐. 하늘색 원피스 예쁘지?
美英啊！看这个。天蓝色的连衣裙漂亮吧？

미영 응. 네가 입으면 정말 잘 어울릴 것 같아.
恩。你穿的话一定很适合。

유진 그럼 장바구니에 넣어 볼까?
那把它放在购物车里啊？

미영 재고가 남아 있는지 확인해 봐.
你先确认一下有没有货。

유진 아직 남아 있어. 결제해야겠어.
还有货。得结帐了。

배송조회
회원가입
재 고
입 금
결제하기
장바구니
할인

유진아!
너 입금했니?

인터넷 쇼핑몰에서
산 거 말이니?

응.
모자랑 가방.
어제 집에 가다가
은행에서 무통장
입금했어.

이 바지는 볼수록
예쁜데 너무 비싸.

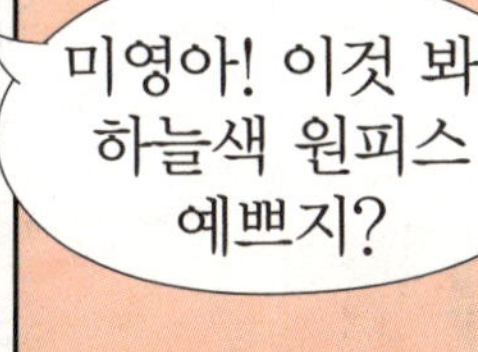

미영아! 이것 봐.
하늘색 원피스
예쁘지?
응. 네가 입으면
정말 잘 어울릴 것
같아.

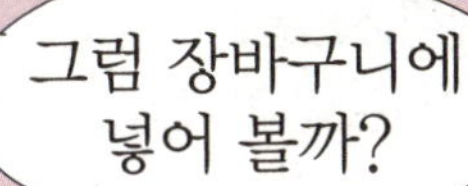

그럼 장바구니에
넣어 볼까?
재고가 남아 있는지
확인해 봐.

아직 남아 있어.
결제해야겠어.

인터넷 쇼핑몰에 입금했어요?
你往网店里汇款了吗?

네. 어제 무통장 입금했어요.
是的。昨天汇款了。

모자랑 가방을 샀어요?
你买帽子和包了吗?

아뇨. 가방만 샀어요. 没有，只买了包。
모자는 예쁜데 너무 비쌌어요. 帽子很漂亮，但太贵了。

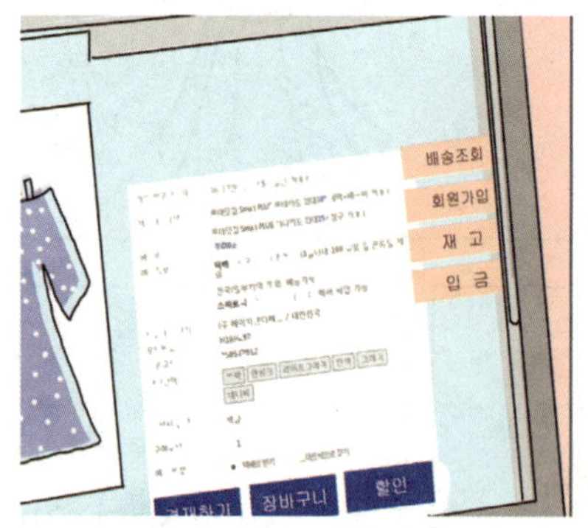

그럼 장바구니에 넣어볼까요?
那把它放在购物车里啊?

재고가 있는지 확인해 보세요.
请先确认一下有没有货。

결제를 해요.
结帐

원피스를 주문했나요?
你下单连衣裙了?

배송조회를 해 보세요.
请查询以下快递情况。

이 바지는 할인하고 있어요.
这个裤子在打折。

쇼핑몰에 회원가입을 해요.
加入网店会员。

치마가 싸요.
裙子便宜。

1. **-(으)ㄹ수록** : 어떤 상황의 반복이나 정도가 점점 심해짐을 나타낼 때 사용하는 표현

表示随着条件逐渐深入，出现的结果的程度也逐渐加深。相当于汉语中的"越…越…"。

보기 (例句)

가: 미영아! 이것 봐. 하늘색 원피스 예쁘지?

나: 그래. 이 원피스는 <u>볼수록 예뻐</u>. (보다, 예쁘다)

1. 가: 그 책 어때? 재미있어?

나: 응. _______________________________. (읽다, 재미있다)

2. 가: 나는 이 노래가 정말 좋아.

나: 이 노래는 나도 좋아해. _______________________. (듣다, 좋다)

3. 가: 요즘 한국어 공부하고 있어요?

나: 네. 한국어는 _______________________. (배우다, 재미있다)

4. 가: 신발이 멋있어요. 새로 샀어요?

나: 네. _______________________________. (신다, 마음에 들다)

5. 가: 시간이 없어요. 빨리 가요.

나: _______________________________. (급하다, 천천히 가다)

2. **–다가** : 어떤 행동을 잠시 멈추거나 상태가 중단되고 다른 동작이나 상태로 변함을 나타낼 때 사용하는 표현

连接语尾，与动词搭配使用，与持续性动词连用，表示动作的转换。

28과
방학 동안 보고 싶을 거예요.
(假期我会想你的)
학습목표 [学习目标]
·방학계획 말하기 [表达假期计划]   ·감사의 표현하기 [感谢的表达方式]
던지다 抛
줄넘기 跳绳
공 球
달리기 跑
배드민턴 羽毛球
운동화 运动鞋
아령 哑铃

(快放假了，宥真，美英，在旭在体育馆见面聊天)

미영 와! 벌써 방학이라니!
哇！这么快就到假期了！

재욱 유진이는 한국에서 지내는 동안 즐거웠니?
宥真在韩国这段时间过的开心吗？

유진 너희들 덕분에 잘 지냈어. 정말 고마워.
托你们的福，我过得很好。真的很感谢。

재욱 유진이 너와 친하게 되어서 우리가 좋았지.
和宥真你变亲近，我们很开心。

유진 오늘은 내가 쏜다!
今天我请客！

미영 유진이 한국어 많이 늘었네.
宥真韩语进步很多啊。

유진 너희들 덕분이야.
多亏了你们了。

재욱 이번 방학에는 고향으로 갈 거니?
这次假期回家乡吗？

유진 응, 가족들이 너무 보고 싶어.
恩，很想念我的家人。

(在旭因为假期见不到宥真感到很遗憾)

재욱 방학 동안 네가 보고 싶을 거야.
假期我会想你的。

유진 나도 그럴 것 같아.
我也是。

(宥真，美英，在旭，秀贤前辈的故事将在中级中继续)

와! 벌써 방학이라니!
유진이는 한국에서 지내는 동안 즐거웠니?
너희들 덕분에 잘 지냈어. 정말 고마워.
유진이 너와 친하게 되어서 우리가 좋았지.
오늘은 내가 쏜다!
유진이 한국어 많이 늘었네.
너희들 덕분이야.
이번 방학에는 고향으로 갈 거니?
응, 가족들이 너무 보고 싶어.
방학 동안 네가 보고 싶을 거야.
나도 그럴 것 같아.

한국에서 지내는 동안 즐거웠나요?
在韩国这段时间过的开心吗?

덕분에 잘 지냈어요. 정말 고마워요.
托福，我过得很好。真的很感谢。

이번 방학에는 고향으로 가나요?
这次假期回家乡吗?

네, 가족들이 너무 보고 싶어요.
是，很想念我的家人。

방학 동안 당신이 보고 싶을 거예요.
假期我会想你的。

저도 그럴 것 같아요.
估计我也是。

배구를 해요.
玩排球。

훌라후프를 해요.
玩呼拉圈。

공을 던져요.
扔球。

줄넘기를 해요.
玩跳绳。

달리기를 해요.
跑步。

배드민턴을 쳐요.
打羽毛球。

1. **-는 동안** : 어떤 행동이나 상태가 유지된 시간을 나타내는 표현

接在动词词干后，表示"在做……的期间"。

보기(例句)

가: 유진이는 한국에서 <u>지내는 동안</u> 즐거웠니? (지내다)

나: 너희들 덕분에 잘 지냈어. 정말 고마워.

1. 가: 안녕히 다녀오세요.

나: 엄마가 ＿＿＿＿＿＿＿＿＿＿＿＿ 게임하지 말고 공부하고 있어. (없다)

2. 가: 일을 벌써 끝냈어요?

나: 네. 사장님이 ＿＿＿＿＿＿＿＿＿＿＿ 저희가 모두 끝냈습니다. (안 계시다)

3. 가: 휴가 때 뭐 할 거예요?

나: 집에서 ＿＿＿＿＿＿＿＿＿＿＿＿＿ 영화를 많이 보고 싶어요. (쉬다)

4. 가: 지하철에서 심심하지 않아요?

나: 저는 지하철 ＿＿＿＿＿＿＿＿＿＿＿＿ 음악을 들어요. (타다)

5. 가: 기차 시간이 많이 남았어요.

나: 그래요. 기차를 ＿＿＿＿＿＿＿＿＿＿＿ 커피를 마셔요. (기다리다)

2. **−게 되다** : 주어의 의지에 관계없이 어떤 조건 때문에 어떤 일이 생김을 나타내는 표현
用于表示某种状态或性质发生变化。

> **보기**(例句)
> 가: 저 때문에 많이 섭섭했지요? 정말 미안해요.
> 나: 아니요. 그래서 우리가 더 <u>친하게 되었어요.</u>

1. 가: 여자 친구와 어떻게 만났어요?

나: 친한 친구의 소개로 ____________________________. (알다)

2. 가: 왜 웃어요?

나: 어린 아이들을 보면 저도 모르게 ____________________________. (웃다)

3. 가: 내일 시험공부 많이 했어요?

나: 네, 하지만 시험시간이 되면 떨려서 ____________________. (실수하다)

4. 가: 다이어트 열심히 하고 있어요?

나: 아니요. 맛있는 음식을 보면 많이 ____________________. (먹다)

5. 가: 어디 가세요?

나: 네. 회사 일 때문에 해외출장을 ____________________. (가다)